하나는 열네 살에 혼자서
유학을 떠났어요

하나는 열네 살에 혼자서 유학을 떠났어요

초판 1쇄 인쇄 | 2004년 11월 24일
초판 1쇄 발행 | 2004년 12월 10일

지은이 | 최하나
펴낸이 | 김정옥
디자인 | 윤용주
펴낸곳 | 도서출판 우리책

등 록 | 2002년 10월 7일(제2-36119호)
주 소 | 서울특별시 중구 신당 3동 373-20
전 화 | (02)2236-5982
팩 스 | (02)2232-5982

ⓒ 2004 최하나
ISBN 89-90392-08- 43480

이 책의 저작권은 저자에게 있습니다.
저자와 출판사의 허락 없이 내용의 일부를 인용하거나 발췌하는 것을 금합니다.

값은 표지에 있습니다.

최양락 · 팽현숙의 딸 최하나의 나홀로 호주 유학 성공기

하나는 열네 살에 혼자서 유학을 떠났어요

글 최하나 | 호주 레벤스우드 9학년

도서출판
우리책

 차 례

1장 뭘 모르고 갔었던 호주에서의 1년

2장 설렘, 낯섦 그리고 외로움의 시작

제5장 유학 생활에서 살아남기

―에필로그

CONTENTS

부록 1

부록 2

여드름이 많이 나기 시작하는 사춘기 소녀가 쓴
유학기예요. 그냥 편안하게 읽어 주세요!

아직 성공이라는 걸 거머쥔 상태가 아니어서 책을 낸다는 것 자체
가 괜찮은 건지, 사실 모르겠어요. 유학을 가려고 혹은 가 있는, 저와
같은 입장의 학생들에게 도움이 될 수 있다면 하는 생각으로 기꺼이
기쁘게 썼답니다.

솔직히 처음엔 재미있을 것 같다며 설레고 기쁜 마음으로 시작한
글쓰기였어요. 그런데 쓰다 보니 너무 힘들고 부담도 많이 돼서, 그
냥 안 쓰겠다고 할 걸… 후회를 하기도 했어요. 그런데 주위에서 '솔
직하고 편안하게 쓰는 글이 가장 좋은 글이다.', '너무 잘 쓰려고 부
담을 갖고 쓰면 절대 안 된다.' 라며 격려해 주셨어요.

그래서 지금은 얼마나 기쁘고 뿌듯한지 몰라요. 무언가에 도전한
다는 건 참 멋지고 좋은 것 같아요. 그런 경험에서 많은 걸 느끼고
배우게 되잖아요. 그리고 내 자신을 되돌아볼 수 있어서 좋은 것 같
아요.

난생 처음 책을 내면서 정말 많은 것을 느꼈고 배웠어요. 책을 낸

다는 게 얼마나 힘든 건지 알았구요. 작가님들은 정말 대단하신 분들이에요. 그리고 세상에는 정말 쉬운 게 없다는 걸 새삼 느꼈답니다.

전 계속 진행형이기 때문에 이뤄야 할 것도 참 많구요, 배워야 할 것도 참 많아요. 쉽지 않은 길이 아직 남아 있다는 뜻이지만, 그래도 포기하지 않고 열심히 하겠습니다.

먼저 제 소개를 조금 할까 해요.

전 한국에선 16살, 호주에선 14살인 9학년, 그러니까 중 3이에요.

전 초등학교 3학년 때까지 한국에서 열심히 학교를 다니다가 4학년 때 부모님, 남동생과 함께 호주 시드니로 가서 1년 동안 학교에 다니면서 영어를 배우고 왔답니다. 사실 그 전엔 영어를 너무 싫어했어요. ABC 알파벳도 제대로 쓸 줄 모르고 무작정 호주에 갔던 제가 한국에 다시 왔을 땐 영어 실력이 제 또래 아이들보다 훨씬 높은 수준이 되었더라고요. 그 때부터 영어에 흥미를 갖기 시작했고, 다른 과목은 몰라도 영어만은 항상 열심히 공부했어요. 그래서 영어에 자신이 생겨 '영어 말하기 대회'에도 자주 나가 상도 받았어요. 그렇게 몇 년이 지나 초등학교를 졸업하고 바로 저 혼자 호주로 날아가서 지금까지 유학 생활 열심히 하고 있답니다.

유학 생활 겨우 3년밖에 안 했으면서 무슨 책을 내느냐고 하신다면 할 말 없지만, 3년 동안 제 영어 실력은 많이 늘었고요, 영어 실력뿐 아니라 모든 면에서 많이 성장했답니다.

호주에선 '악바리'라고 별명이 붙여질 정도로, 많이 지독해지고 강해졌어요. 혼자 생각하고 결정하다 보니 좀더 성숙해진 것 같아요.

제가 호주에서 보고, 느끼고, 배우고, 겪었던 이야기들 하나하나 빠짐없이 솔직하게 써 나갈까 해요. 이 책을 읽고 조기 유학을 준비하는 친구들에게, 혹은 유학 가 있는 저와 같은 입장의 학생들과 또 한국에 계신 부모님들께 조금이나마 도움이 되었으면 좋겠네요.

아직은 어린 사춘기 소녀인 제가 유학에 대해 얼마나 깊고 많은 이

야기를 쓸 수 있겠어요. 아빠와 친하게 지내시는 선생님이 제 호주 생활을 듣고는 혼자 유학을 떠나 있거나 보내려는 부모님들이 읽으면 유익할 것 같다고 했어요. 그래서 컴퓨터로 그 동안 있었던 기억을 떠올려 쓰게 되었어요. 너무 기대하지 마시고요, 그냥 편하게 읽어 주세요.

20년 죽어라 공부하고 50년 편하게 살래요!

한국에서부터 전 한 번 시작하면 끝장을 봐야 하고 누구에게나 지기 싫어하는 그런 아이였어요. 그런 아이가 호주에 와서 영어 못한다고 마음 고생, 몸 고생 많이 했지요. 그러나 3년이 지난 지금 한국에서 온 '악바리'로 통할 정도로 더 지독해졌답니다.

어떤 친구들은 "넌 정말 좋겠다. 유학 가서……." 하고 부러워하기도 하지요. 하지만 유학 생활은 생각하는 것보다 무척 힘들어요. 내가 원해서 호주에 유학을 왔지만, 정말 가족과 떨어져 사는 게 이렇게 힘든 줄은 몰랐어요. 처음 왔을 땐 정말 우울증에 걸릴 지경이었어요. 잘 웃지도 않고, 항상 엄마와 이모에게 전화와 채팅으로 힘들다며 하소연하고 짜증만 내고, 또 나쁘고 안 좋은 쪽으로만 생각했었어요. 하늘만 봐도, 날아가는 여객기만 봐도 가족 품으로 돌아가고 싶을 정도였어요. 그런 절 항상 위로하고 격려해 주느라 부모님과 주변 분들이 많이 힘드셨을 거예요.

한번은 엄마께서 힘들어하는 저에게 이렇게 말씀하셨어요.

"하나야! 오르막길이 있으면 내리막길도 있는 거란다."

그 때 전 겉으로는 알아듣는 척했지만 속으로는 '도대체 그 내리막길은 언제 보이는 거야? 가도가도 오르막길뿐이잖아.' 하고 생각했었어요.

"넌 너무 부정적이야! 긍정적으로 생각해야지. 자꾸 그렇게 나쁘게만 생각하고 스트레스 받으면 네 정신 건강에도 안 좋아."

투정부리는 저에게 이모가 이렇게 말씀하셨을 땐 스트레스 안 받

을 수 없다며 말대꾸를 한 적도 많았어요.

주변에서 좋은 말씀들을 해 주셨지만 한 귀로 듣고 한 귀로 흘려 버린 적도 많았지요. 계속 그런 말들을 듣다 보니 어느 순간부터 그런 말들이 다 옳다고 생각하게 되었고 힘들어도 좋게 생각하게 되었어요. 정말 부정적으로 생각하면 나만 손해볼 뿐 좋아질 건 없다는 걸 느끼게 되었지요.

힘들 때면 난 그래도 유학까지 온 행운아라고 생각하고 한번 '씨~익' 웃어 주고, 나중에 행복하고 즐거운 내 미래를 떠올려 상상의 나래를 펼친답니다. 그리고 미래를 위해 눈물을 아껴 두는 연습도 필요하다는 걸 느꼈어요. 슬픔의 눈물이 아닌, 기쁨의 눈물 말이에요.

'유학은 혼자 하는 게 아니라 온 가족이 용기를 갖고 함께 노력하고 아파하고 외로워해야 목적을 이룰 수 있다.'는 생각이 드는 건 왜일까요?

절 호주에 혼자 남겨 놓고 떠나시면서 엄마께서 주신 편지에는 이런 글이 있었어요. 요즘도 힘들 때마다 가끔 꺼내어 읽곤 한답니다.

하나야, 살다 보면 힘든 일도 많을 거야. 그런 것이라 모아지고 잘 견뎌 내면 아주 훌륭한 어른이 되는 거지. 인생이란 항상 편한 것이 아니란다. 지금 당장 편하게 하루하루 보내라 보면 미래는 없단다. 힘든 일을 견디라 보면 언젠가는 꼭 밝은 미래가 보이는 거야.

처음엔 정말 이해가 되지 않았어요. 내가 선택한 유학이었지만 미래를 위해 '꼭 이렇게까지 해야 하는 걸까?' 하는 생각도 들었지요. 지금은 그 말이 무슨 뜻인지 너무 잘 알게 되었어요.

어떤 분이 저에게 이런 좋은 말씀을 해 주셨어요. "하나야, 20년 죽어라 공부하고 50년 편하고 멋지게 살래, 아님20년을 대충대충 살면서 공부 안 하

고 놀다가 50년 고생하면서 살래?"

전 당연히 20년을 죽어라 공부하고 50년을 편하고 멋지게 살고 싶어요. 지금은 부모님과 동생, 그리고 또래 친구들과 떨어져 있어서 외롭지만 말이에요. 노력 없이는 자신이 정한 목표를 이룰 수 없지 않겠어요?

저는 경기도 양평군 서종면 문호리에 살 때 서종 초등학교에 다녔어요. 그 때 5학년 담임 선생님이셨던 오승균 선생님은 저에게 많은 것을 깨닫게 해 주신 분이지요.

시를 쓰시는 시인인데, 그 때 제게 편지 한 장을 써 주셨어요. 저는 지금도 가보처럼 갖고 다니고 있지요. 유학 생활이 힘들고 외로울 때마다 선생님께서 주신 시를 들여다보며 하루하루를 시간 낭비하지 말고 소중하게 살아야지 하는 마음을 갖는답니다. 여러 사람들이 읽어도 좋을 것 같아서 여기 서문에 소개할까 해요.

하나에게

— 시인 오승균

하나야, 선생님은 말이지
마지막 단풍이 떨어질 때면
어떤 이들은 이것을 아쉬워하지만
나는 오히려 희망으로 한단다.

12월의 찬바람은
가난한 이들에게
한겨울의 매서움을 더해 주지만
그렇다고 푸른 봄을 미리 그리워하지는 않는단다.

너그럽고 아늑한 산사의 설경을
가을의 단풍이나 봄날의 진달래보다
조금은 덜 아름다울지 몰라도
맑고 깨끗하더구나.

겨울에
지난가을의 국화향을 아쉬워하고
겨울에
고향들판의 봄나물 내음만을 그리워하면
내가 그토록 애틋해하는 산사의 설경이
눈물 지을지도 모르잖니

맑은 강변에서
꿈을 심는
착한 하나야

너의 꿈을 위하여
오늘을 소중히 사랑하는
영원한 하나가 되기를
기도한다.

아빠와의 약속 다섯 가지

1. 나는 밝은 미래를 위해 학업에 최선을 다한다.

2. 어른 말씀을 존중하는 예의 바른 사람이 된다.

3. 나쁜 유혹에 빠지지 않고 항상 바른 길을 걷는다.

4. 나는 부모님, 나를 아는 주위 분들에게 실망을 주지 않는 사람이 된다.

5. 나는 외로워도 슬퍼도 절래 울지 않는다.

뭘 모르고 갔었던 호주에서의 1년

열한 살 때인 5년 전 호주에 첫발을 내딛었을 때.
나는 천국이 바로 이 곳이구나 하고 생각을 했다.

열한 살 때 가족 모두가 호주에 갔다 오다

호주에 처음 갈 때 내 나이는 열한 살이었다. 또래 아이들과 같이 노는 것 좋아하고, 공부에는 전혀 스트레스 받지 않으며, 항상 행복하고 편안한 날들만 보내고 있었던 활발한 여자 아이였다. 그렇게 힘든 게 뭔지 전혀 모르고 자랐던 나에게, 어느 날 갑자기 엄마 아빠께서 특별한 말씀을 하셨다.

"하나야, 이제 우리 호주 시드니에 가서 살 거야."

"엄마, 시드니요?"

"그래, 너 사진에서 오페라 하우스 봤지? 거기 가서 살 거야."

왜 우리가 호주에 가서 살아야 하는지 엄마께서 정확하게 말씀해 주시지 않았던 걸로 기억한다. 그 이유는 나도 한참 뒤에 알게 되었지만.

솔직히 말하면, 그 때 호주라는 나라를 처음 들어 봤고, 호주가 어디에 있는지도 몰랐었다.

게다가 그 당시에 내가 제일 싫어했던 과목이 '영어' 였다. 수업 시간에 선생님이 불라불라 알아들을 수 없는 말을 하는 게 어찌나 싫었는지 모른다. 또 그 때는 영어의 필요성을 못 느꼈기 때문에 열심히 하지도 않았다. 영어와는 담 쌓고 지냈던 나는 ABC 알파벳도 제대로 못 썼었다.

그런 내가 호주라는 나라에 가서 노란 머리와 파란 눈알을 가진 코쟁이들과 같이 영어로 공부하고 생활을 해야 한다니, 순간 눈앞이 캄캄했다. 그러나 난 엄마, 아빠와 떨어져 살 수가 없었기에 조용히 부모님이 하자는 대로 따라갈 수밖에 없었다. 내 의지와는 상관없이……. 그렇게 우리 가족은 호주라는 나라로 훌쩍 떠났다.

지금으로부터 5년 전, 우리 가족은 호주에 첫발을 내딛었다. 다른 사람들처럼 이민을 온 것은 아니었다. 호주에서 머물며 나와 동생의 학교를 알아보고, 또 엄마 아빠도 영어 공부를 좀 해 볼까 하는 생각 때문이었다.

호주의 첫느낌은 '정말 천국이 따로 없구나.' 하는 생각이 들 정도로 자연과 건물들이 너무 아름다웠다. 바다는 눈이 부시도록 푸르고 팔뚝만한 물고기들이 물 속에서 노니는 것이 다 보였다. 바닷가에는 게들이 엉금엉금 기어다녀도 호주 사람들은 잡아먹을 생각을 하지 않았다. 그것이 참 신기했다. 그리고 호주는 땅이 무척 넓은데, 넓디 넓은 평원에는 드문드문 목조 주택들이 있고, 담장도 없는 곳에서 소나 양들이 풀을 뜯고 있었다.

휴일이 되면 공원에는 많은 사람들이 나와 바비큐 파티를 하고 산책을 하며 여유로운 생활을 즐겼다. 처음 몇 달 동안 우리 가족은 여행도 많이 하고, 신나게 호주의 문화와 자연을 접하며 즐거운 시간을 보냈다. 이렇게 살면 여한이 없을 정도로 좋은 시절이었다. 그러나 문제는 말이 통하지 않는다는 사실이었다.

개그맨 아빠는 나의 첫 영어 선생님

영어권인 나라에서 영어를 못하면 벙어리나 마찬가지이다.

열한 살, 낯선 호주에 와서 처음 학교 다닐 땐 정말 답답했고 스트레스를 많이 받았다. 그 땐 Language School을 거치지 않아도 곧바로 학교에 다녔다. 수업 시간엔 선생님께서 도통 무슨 말씀을 하시는지 이해할 수가 없었다. 그래서 멀뚱멀뚱 눈만 깜빡이며 앉아 있다가 돌아오기 일쑤였다. 무슨 말을 하고 싶어도 가만히 있어야 했고, 꼭 해야 할 말이면 한국말과 Body language를 섞어가며 설명하느라 진땀을 흘려야만 했다.

하지만 학교에 다니면서 내가 영어를 못한다고 애들한테 놀림을 당한 적은 한 번도 없었다. 아이들은 내가 묻지 않아도 친절하게 하나하나 설명해 주었고, 말이 안 통해도 재미있게 놀아 주었다. 아마 호주 아이들은 집에 돌아가 부모님들께 내 이야기를 많이 했을 거라는 생각이 든다.

"엄마, 우리 반에 머리카락이 새카맣고 눈도 까만 여자 애가 한국에서 왔어요. 엄마, 한국이란 나라가 어디에 있어요? 그 나라는 잘 살아요?"

아마 대부분의 부모님들은 한국에 대해 자세히 설명해 주시지 못했을 것이다. 아직도 한국에 대해 알지 못하는 사람들이 많으니까.

담임 선생님도 너무 좋으셨다. Body language가 안 통하면 손수 그림까지 그려 주시면서 내가 조금이라도 이해할 수 있도록 배려를 아끼지 않으셨다. 좋은 친구들과 좋은 선생님 덕택에 영어 실력이 많이 늘었다. 물론 영어를 빨리 더 잘 하기 위해 집에서도 영어 공부에 매달렸다.

집에서는 아빠가 영어 선생님이셨다. 영어를 잘 하려면 알파벳이 기본이라며 대문자, 소문자 쓰는 법을 알려 주셨다. 또 기본적인 영어 단어들도 외우게 해서 시험도 보았다. 내가 단어 시험을 봐서 100점을 받은 날, 호주 사람처럼 발음 굴리시며 아빠께서 하신 한 마디는 아직도 생생하게 기억난다.

"Perfect!"

나는 Perfect가 무슨 뜻인지 몰라 멀뚱멀뚱 아빠 얼굴을 쳐다보기

만 했다. 그러자 아빠는 아빠 특유의 제스처를 써가며 Perfect에 대해 평생 잊어버리지 않도록 설명해 주셨다.

"하나야, 퍼펙트는 완벽하다는 뜻이야. 왜 하나야, 세제 중에 퍼펙트라고 있잖아! 완벽하게 지워진다 해서 퍼펙트! 알겠지? Oh~ Perfect~."

아빠가 개그맨이라는 사실이 정말 좋았다. 이렇게 재미있는 영어 선생님 덕분에 난 쉽게 영어를 배우고 흥미를 가질 수가 있었다.

이상한 마라톤 대회, 친구 따라 뛰기만 한 사연

나는 시드니에 있는 SCECGS 초등학교에 다녔다. 영어는 한마디 못하고 들리지도 않았지만 매일 멋모르고 가방 메고 학교에 다녔다. 지금 생각해 보면 어처구니없기도 하고, 또 무슨 배짱으로 학교에 다녔는지 웃음이 나오기도 한다. 아마 뭘 모르고 그냥 가야 되니까 다녔던 것 같다.

나는 한국이 어디에 있는지조차 모르는 아이들 틈바구니에 끼어서 매일 수업을 들었다.

그러던 어느 날이었다. 학교 수업이 끝났는데도 아이들은 집에 가지 않고 우르르 몰려 나가더니 버스에 올라탔다. 나는 집에 가야 할지 버스를 타야 할지 잠깐 망설이다가 무작정 아이들을 따라 버스에 올라탔다.

어디로 간다는 말은 듣지 못했다. 설사 선생님께서 말씀을 해 주셨더라도 나는 영어를 잘 알아듣지 못했<u>으므로</u> 상황은 마찬가지였을 것이다.

'도대체 어디로 가는 거야?'

버스 안은 온통 아이들이 재잘거리며 떠드는 소리로 시끄러웠지만 난 혼자 겁먹어 아무것도 할 수가 없었다.

'도대체 어디로 가는 거야? 무엇 때문에……'

버스를 타고 가는 동안 나는 귀를 기울여 아이들의 대화를 엿들었지만 영어 실력이 달린 나로서는 내가 어디로 가고 있는 것인지 도저히 알 길이 없었다.

'하는 수 없지 뭐. 친구 따라 강남 간다고 그냥 가는 수밖에 더 있겠어?'

나는 조급했던 마음을 안정시키면서 다소 느긋한 생각을 갖기 시작했다. 한참을 달리던 버스는 마침내 섰다. 버스 창문을 통해 보니 넓디넓은 공원이 눈 앞에 펼쳐져 있었다.

아이들이 우르르 버스에서 내리더니 잔디밭에 편안하게 앉았다. 나는 무슨 영문인지 몰라 그저 조금 멀찌감치 떨어져 앉아 있었다. 그런데 갑자기 아이들이 일어나더니 뛰기 시작했다.

'애들이 왜 뛰는 거지?'

나는 말도 통하지 않아 누구에게 물어볼 수도 없었다. 그저 아이들이 하는 대로 눈치껏 따라다녀야만 했다. 아이들의 뒤꽁무니를 따라 나는 뛰었고, 아이들이 뛰다가 쉬면 나도 덩달아 쉬었다. 그리고 아이들이 다시 달리면 나도 죽어라 떨어지지 않으려고 달렸다.

산 넘고 고개 넘어 3km정도 뛰었다. 처음 버스에서 내렸던 코스를 두 번인가 세 번 정도 돌았다.

'도대체 왜 뛰는 거지? 난 힘들어 죽겠는데 애들은 뭐가 좋다고 웃는 거지?'

나는 속으로 아이들을 원망하며 내가 왜 이 고생을 해야 하는지 정말 슬프기까지 했다. 말도 안 통하고 무슨 일을 하는지 모르는 체 아이들이 뛰면 뛰고 쉬면 쉬어야만 하는 내 신세가 정말 처량했다. 마치 먼 바다 한가운데에 떠 있는 이상한 민족이 사는 섬에 내가 툭 떨어진 느낌이었다.

낯선 환경을 이겨 내어 동화되기란 참 어렵다는 사실을 호주에 처음 왔을 때부터 호되게 경험하게 된 것이다.

울고 싶기도 하고 말을 알아듣지 못하는 내 처지에 화가 나서 머릿속이 무척 복잡해질 무렵, 달리기는 끝이 나고 아이들은 선생님 앞으로 가서는 무슨 종이 한 장씩을 받아 왔다.

'저게 뭐지? 저걸 받아야 하는 건가? 모르겠다. 남들 하는 대로 해 보는 수밖에…….'

달리 방법이 없었다. 나는 땀을 뻘뻘 흘리며 선생님 앞으로 갔다. 선생님은 종이에다가 내 이름과 내가 뛴 기록을 써서 주셨다. 종이 쪽지를 받고 나서야 그게 '체육 시간에 하는 마라톤' 이라는 것을 알게 되었다.

나는 그 날 마라톤을 하는 줄도 모르고 다른 아이들이 뛰길래 얼떨결에 뛰었던 것이다.

호주 시드니 SCEGES초등학교 다닐때예요.

 하나는 열네 살에 혼자서 유학을 떠났어요

우리는 다시 버스를 탔다. 피곤이 몰려와 눈을 감았다. 정말 울고 싶을 정도로 속이 상했다. 영원히 호주 아이들과 함께 섞일 수 없는 이방인 같은 느낌이 들어 엉엉 울고 싶었다. 외로움이라는 단어가 불쑥 튀어나왔다. 많은 사람들 속에서도 이질감을 느낄 때 바로 외로움이 느껴진다는 것, 그게 '군중 속의 고독' 이라는 걸 아주 어린 나이에 나는 일찍이 깨닫게 된 것이다.

호주 아이들은 참 건강하다. 마라톤을 하고 나서도 힘이 하나도 안 드는지 버스 안이 떠나갈 듯 떠들었다. 난 그 아이들이 하는 소리를 하나도 알아들을 수 없어서 그들 대화에 한 마디도 끼어들 수가 없었다.

'그래, 좋다. 지금 난 너희들처럼 영어를 잘하지 못해 이런 어처구니없는 일을 당하고 있다. 하지만…하지만…머지않아 나노 영어를 잘해 너희들과 재미있게 이야기도 하고 잘난 척도 하고, 우리 나라 자랑도 하고, 우리 아빠 엄마가 한국에서 인기 있는 연예인이라는 사실도 이야기해 주고… 그런 날이 올 거야!'

나는 버스 안에서 이런 다짐을 하고 또 하면서 혼자만의 말 못하는 아픔을 되씹었다.

땀으로 뒤범벅이 되어 늦게 집에 돌아왔더니 엄마, 아빠, 혁이, 영어 과외 선생님이 뛰어나와서는 나를 부둥켜안았다.

"하나야! 하나야!"

나는 또 한 번 영문도 몰라 어리둥절해하였다. 알고 보니 내가 집에 돌아올 시간인데도 오지 않아 길을 잃었거나 유괴를 당했을 거라고 생각했다고 한다. 엄마 아빠는 여기저기 길에 나가 서툰 영어로 나를 찾아다녔고, 영어 선생님은 우리 부모님과 함께 경찰서에 신고까지 했다고 한다.

아빠는 거의 기력을 상실할 정도로 초죽음 상태였다. 아빠 모습이 그 날처럼 애처로워 보인 적은 없었다. 나는 그 때 정말 영어를 사용하는 나라에서 영어를 모르면 미아가 되고 마는구나 하는 생각이 절로 났다.

그렇다. 영어권 나라에서 영어를 할 줄 모르면 벙어리나 마찬가지이다.

1년 만에 다시 한국으로 돌아오다

호주에서의 1년은 나에게 영어에 자신을 갖게 한 기간이었다. 짧다면 짧고 길다면 긴 1년을 나는 벙어리 냉가슴 앓듯 영어라는 시어머니와 그렇게 미워하고 또 이해하고 또 사랑하며 시간을 보냈다.

어느 날, 우리 가족은 회의를 하였다. 엄마와 아빠는 나를 위해서 1년 동안 호주에 머물렀다는 거였다. 어느 정도 영어에 대해 이해를 하였으니 다시 한국에 돌아가자는 의견이었다.

"하나야, 아빠와 엄마는 그 동안 너무 시간이 없을 정도로 바빴지? 그래서 이 곳 호주에서 휴식도 취할 겸, 또 하나에게 영어 공부도 시킬 겸 해서 왔단다. 그런데 아빠와 엄마는 이 곳에서 평생 살 수 없잖아. 고국에는 아빠와 엄마를 기다리는 팬들도 많고, 그래서 돌아가려고 하는데, 어린 널 혼자 두고는 정말 한국으로 돌아갈 수가 없을 것 같다. 이담에 또 기회가 된다면 그 때 다시 오면 안 될까?"

아빠는 늘 나와 동생의 의견을 존중해 주는 편이었다. 나는 어린 나이여서 어른들의 생각을 잘 알지 못했다. 나는 학교에 다니느라 바빴지만 엄마, 아빠는 말도 통하지 않아 멀리 나가지도 못하고 하루 종일 집에만 계셨으니 정말 답답했을 것 같다는 생각이 들었다. 물론 아빠와 엄마도 영어 공부를 열심히 하셨지만 나이 먹어서 교정이 안 되는 사투리 발음이라며 거의 포기하다시피 하셨다.

그래서 나는 부모님을 따라 다시 한국으로 돌아왔다. 서울이 아닌 경기도에 있는 서종면 문호리로 말이다.

엄마께서 집 앞에 흐르는 강을 보고 반하셔서 그 곳에서 살게 되었다.

"아이들은 그저 자연하고 사는 게 제일 좋아!"

충청도가 고향인 아빠는 자연을 무척이나 좋아하셨다. 사실은 그래서 호주에 가 1년을 쉬면서 어떻게 해야 개그맨으로 성공할지를 계획하고 오셨는지도 모른다.

나는 집 근처에 있던 서종 초등학교에 다녔다. 전학을 많이 다녔지만 이 학교에서 친구들을 가장 많이 사귄 것 같다.

각 학년마다 반이 한 개밖에 없다는 사실에 나는 얼마나 놀랬는지 모른다. 전학 간 뒤 집으로 돌아와 며칠 동안 내내 반이 한 개밖에 없다고 말했던 것 같다.

"한 반이니까 외국에서 수업 받는 것 같아 분위기 좋겠구나. 담임 선생님께서 학생들을 일일이 다 파악도 하실 테고……."

아빠는 매사에 긍정적으로 말씀하셨다. 그런 아빠가 사실 좋았지만 아빠의 센 고집을 꺾을 수가 없어서 우리 가족은 문호리에서 살게 된 것이다.

강이 내려다보이는 멋진 곳에 위치한 이 작고 귀여운 시골 학교에서 거의 1년 반 정도를 생활하며 난 건강하고 좋은 시골 친구들을 많이 사귀었다. 그 친구들과는 지금도 메일로 연락을 주고받고 채팅도 하고, 내가 한국에 들어갈 때마다 한번씩 만나 신나게 놀기도 한다. 지금까지 내가 힘들 때마다 위로해 주고 응원해 주는, 나에게는 없어서는 안 될 소중한 친구들이나.

호주로 다시 유학을 간 사연

유학을 한다고 하면 가장 많은 질문을 받는 것이 '어떻게, 왜 유학을 가게 되었나' 이다. 내가 유학을 가게 된 첫번째 이유는 내 꿈이 영어 영문학 교수이기 때문이다.

4학년 때, 1년간 호주에 갔다 온 뒤부터 나는 영어에 관심이 생겼고, 또 잘하는 건 영어밖에 없었다. 그래서 내 인생의 목표를 영어 영문학 교수로 세웠다.

"엄마, 나 영어 선생님이나 교수가 되고 싶어요."

"좋은 생각이야. 앞으로 국제화 시대에 영어는 우리말처럼 사용해야 될 시대지. 하나가 이제 영어에 대해 자신감이 생긴 것 같네. 뭐든지 잘할 수 있다는 자신감이 중요하지. 그렇다면 하나야, 영어 말하기 대회에 한번 나가 볼까!"

내가 영어를 좋아하게 되자 엄마는 전국 영어 말하기 대회에 대하여 꼼꼼히 알아보신 다음, 그 바쁘신 중에도 나를 데리고 대회에 참석하셨다.

1년 동안 호주에서 유학한 덕분인지 나는 각종 영어 말하기 대회에 나가 좋은 성적으로 입상하였다. 심사위원들께서는 내 영어 발음이 매우 좋다며 칭찬을 아끼지 않으셨다.

영어를 잘하면서도 수줍음이 많은 아이들은 제대로 실력을 발휘하지 못하는 것 같았다. 엄마는 내가 수줍음이 많다는 사실을 알고서 자신감을 위해 적극적으로 영어 말하기 대회에 나가도록 한 것이었다.

엄마의 극성(?) 아니 정성으로 나는 여러 차례 영어 말하기 대회에 나가 최우수상을 수상하였다. 그 때부터 내 꿈은 영어 선생님이나 교수로 정해졌다.

하지만 초등학교를 졸업할 무렵 나는 나의 꿈에 대해 솔직히 고민하지 않을 수가 없었다.

'영어 교수는 아무나 하나? 영어를 잘해야 하는데, 난 어떤 사람들처럼 외국 한 번 나가지 않고 한국에서 독학으로 공부해 유명해질 만큼 뛰어난 머리를 가지고 있지도 않잖아.'

나는 더 넓은 세상에 나가 더 좋은 환경에서 영어를 배우고, 또 영어뿐 아니라 영어권 문화를 배우고 싶었다. 그래야 훗날 영문과 교수가 되었을 때 학생들을 잘 가르칠 수 있을 것 같다는 생각이 들었다.

그렇다면 난 내 꿈을 위해서 유학을 가야겠다는 생각을 했다. 초등학교 4학년 때의 호주 생활이 그립기도 했다. 유학을 가야겠다는 생각을 굳히고는 엄마께 우선 내 생각을 말씀드렸다.

"엄마, 저 할 말 있어요."

"뭔데?"

엄마는 사슴처럼 동그란 눈을 크게 뜨시고는 나를 쳐다보셨다.

"엄마, 나 호주로 유학 갈래요."

금교 초등학교 졸업식 날!.
졸업한 뒤 바로 호주에 갔답니다.

“호주?”

엄마는 잠시 무슨 생각인가를 골똘히 하시더니 말문을 여셨다.

“하나야, 지금 아빠가 무척 바쁘셔서 예전처럼 호주에 가실 수가 없어.”

“그러면 엄마하고 동생만 가면 되잖아요.”

“아빠를 떼어 놓고?”

“그러면 안 되요?”

“아빠는 방송일로 너무 바쁘셔서 입는 것, 먹는 것, 스케줄까지 모두 엄마가 챙겨 줘야 하잖니.”

내가 시무룩한 표정을 짓자 아빠가 들어오시면 함께 의논해 보자며 더 이상 말씀을 하지 않으셨다. 나는 아빠를 설득할 여러 가지 핑계를 생각하느라 머리가 복잡했다.

저녁 늦게 아빠께서 집에 들어오셨다. 엄마는 가족회의를 하겠다며 모두 모이라고 했다.

“하나가 호주에 유학을 가고 싶대요.”

“호주?”

역시나 아빠도 난감한 표정을 짓고는 머리를 흔드셨다.

“하나야, 잘 들어봐. 지금 아빠나 엄마가 외국에 나갈 시간이 없어요. 그러니 좀더 클 때까지 그냥 혼자서 열심히 영어 공부를 하는 게 어때?"

"아빠, 난 영어 선생님이나 교수가 꿈이에요. 그런데 우리 나라에서 아무리 열심히 해도 외국인들처럼 영어를 잘할 수는 없을 것 같아요."

"그래, 그건 나도 생각이 같다만……. 널 혼자 호주에 가게 할 수는 없잖아. 아빠는 하나하고 헤어져 사는 게 싫다. 그냥 우리 나라에서 함께 살고 싶어. 하나가 없는 세상, 이 아빠는 얼마나 쓸쓸할까!"

나는 아빠께 여러 가지 핑계를 대면서 설득하기 시작했다. '배정받은 중학교가 마음에 들지 않아요, 영어 교수가 꿈이에요, 아빠가 늘 말씀하시는 새로운 경험을 해 보고 싶어요.' 등등.

엄마와 아빠는 어린 나이에 외국에 나가 얼마나 외로워할지 그게 가장 큰 걱정이라고 했다. 6학년 1학기 때, 뉴질랜드로 2개월 동안 영어 어학 연수를 갔을 때 밤마다 울면서 전화했던 기억을 떠올리시며 혼자서는 절대 유학 못 간다고 완강히 반대하셨다.

한국에서 6학년 1학기를 마치고 여름방학 때, 나는 이모와 사촌 동생 지나와 함께 뉴질랜드로 가 그 곳에서 2개월 동안 어학 연수를 받았다. 셋이서 사는 게 아니라 뉴질랜드 사람의 집에서 홈스테이를 하면서 생활했다. 한 60대 정도 되신 할아버지, 할머니와 같이 살았는데, 저녁밥도 항상 맛있게 차려 주시고 친절하게 잘 대해 주셔서 너무 좋았다. 그 때는 여자 사립 학교가 아닌 남녀공학 공립학교 에 다녔는데, 워낙 내가 내성적이어서 친구는 많이 못 사귀었다. 그래도 이모와 사촌 동생이 함께 있어서 외롭지도 않았고, 2개월 동안 그 곳에서 정말 좋은 경험을 했던 것 같다.

부모와 떨어져 사는 게 이렇게 힘든 줄은 그 때 처음 알았다. 매일 밤마다 울면서 엄마에게 전화해서 한국 가고 싶다고 했다. 2개월 동안 부모님이 보고 싶어서 죽는 줄 알았다. 우리는 매일 밤 셋이서 심심풀이로 카드 게임도 하고 화투도 쳤다. 양로원에서 왜 할머니, 할아버지 들이 화투를 치는지 그 맘을 알 것 같았다.

비행기가 지나갈 때마다 한국을 생각했다.

"이모, 우린 언제 한국에 가지?"

"저기 매달려서 가고 싶다."

주말엔 나름대로 셋이서 놀러 나가기도 했지만 뉴질랜드는 어딜 가나 사람이 별로 없어서 재미가 없었다. 또 재미있는 곳이 어디인지도 잘 몰랐다.

뉴질랜드는 너무 조용했다. 정말 길거리에 사람이 없었다. 시내에 나가야지만 사람들을 구경할 수 있을 정도였다. 정말 외롭고 조용한 나라가 바로 뉴질랜드이다. 그래서 많은 사람들이 조용히 쉬고 싶으면 뉴질랜드로 여행을 떠난다고 한다. 그러나 젊은 사람들이 살기엔 너무 적막한 것 같아서 싫었다.

"아빠, 그때하곤 달라요. 벌써 6개월이 지났어요. 저도 이젠 컸다고요."

내 말에 아빠는 좀더 시간을 두고 생각해 보자며 가족회의를 끝냈다. 나는 하고 싶은 이야기를 다 했다고 생각했다. 지금부터 아빠를 설득해 허락을 받는 것은 엄마의 몫이라는 생각이 들었다. 그래서 엄마에게 투정도 부리고 심술도 부리던 내가 틈 나는 대로 착한 딸이 되어 엄마를 도와 주기로 했다. 그러니까 양면 작전으로 엄마의 등을 밀었다.

"하나 아빠, 생각해 보세요. 하나가 스스로 호주에 가고 싶다고도 하고, 또 앞으로 하나 인생을 생각할 때 유학을 보내면 어떨까요?"

"무슨 소리야. 저렇게 어린애를 어떻게 혼자 유학을 보내. 난 절대 못 보내. 그냥 우리 나라에서 이렇게 어울렁더울렁 살면 행복한 거야. 그런 게 좋아서 우리도 이렇게 시골에서 살잖아."

“나도 처음엔 그렇게 생각했는데요. 가만히 생각해 보니 하나가 우리 품안에 있는 시간은 길어야 2년일 거예요. 중 3만 되도 아빠나 엄마하고 어디 놀러나 갈려고 하겠어요? 2년 먼저 하나와 헤어져 산다면, 하나가 하고 싶은 꿈을 이룰 수도 있지 않겠어요? 그리고 또 2년 더 키운 다음에 호주에 보내면 그 때는 뭐 안타깝지 않을까요? 매도 미리 맞는 게 낫다고 어차피 헤어져야 한다면 지금 유학 보내는 것도 좋을 것 같아요.”

엄마는 아빠가 들어오시면 내 유학 문제로 밤늦은 시간까지 의논을 하시는 것 같았다. 나는 엄마께 텔레파시를 전달했다. 제발! 고집불통에다 시골 토종 좋아하는 고집스러운 멋진 우리 아빠 최양락이를 설득해 달라고 말이다.

나의 텔레파시 작전은 확실하게 성공했다. 앉은 자리에서 풀도 안 난다는 ‘최씨 고집’을 팽씨가 꺾었기 때문이다. 그 때부터 팽씨도 고집이 세다는 사실을 알게 되었다. 하긴 부인 이기는 남편 없다는 소리를 호주에서도 듣긴 했지만 말이다. 호호!

호주의 교육–전세계 교육시스템 경쟁력 1위

국제경영개발연구원(IMD) 보고서 '교육시스템 경쟁력'에서 1위를 차지한 '교육강국' 호주는 어떤 비결이 있는 것일까? 호주 교육 관계자들은 "순위를 매기진 않지만 철저한 '평가'로 학생과 교사 그리고 학교 하나하나에 대한 개별 수준을 다 파악해 놓기 때문"이라고 설명한다.

호주의 교육 시스템

호주의 교육은 영국의 전통을 바탕으로 한 차별이 없는 높은 교육 수준을 자랑하고 있다. 호주 6개의 주와 2개의 특별주는 자체 교육제도로 의무 교육 기간 동안 교육을 책임지며 연방정부의 보호 지원 및 감독을 받는다. 연방정부에서는 각 주와 특별주에 보조금을 제공하며 교육 문제에 대한 제반 정책, 건의 및 시정 사항들이 호주 전역에 걸쳐 다루어지고 있다.

설렘, 낯섦, 그리고 외로움의 시작

무인도에 놓여 있는 느낌이었다.
그러나 난 이 곳에서 살아야 한다는 사실을 깨닫기까지는
그리 오랜 시간이 걸리지 않았다.

나 혼자 비행기 타고 시드니에 가다

2002년 3월 16일, 호주 시드니에 두 번째로 방문하게 되었다. 가족과 헤어져 혼자서 공항을 빠져 나갈 때 이제 나는 혼자라는 생각에 잠시 마음이 복잡했다.

'정말 아빠 엄마, 그리고 동생과 헤어져 나 혼자서 잘 할 수 있을까?'

내가 선택한 길이 정말 잘한 일인지 어떤지 솔직히 겁이 나기도 했다. 그리고 가족과 떨어져 살아야 한다는 사실이 못내 내 마음을 어둡게 했다.

'최하나, 넌 누구니? 영어 교수가 꿈이잖아. 그러기 위해선 독한 마음을 갖고 호주에서 살아야 해. 알겠지? 이제부터 넌 혼자야. 아무도 널 도와 주지 않아. 밥 먹는 것도, 아침에 일어나는 것도, 학교에 가는 것도, 배가 아파도 넌 무조건 스스로 해결해야만 해. 넌

잘 할 수 있을 거야. 넌 분명히 잘 할 수 있을 거야. 잘 할 수 있을 거야.'

나는 이런 생각을 하고 또 하며 여객기에 올랐고, 대한민국 땅이 사라지자 왈칵 눈물이 앞을 가렸다.

그러나 이제 다시 내릴 수도 없는 상황이었다. 아빠를 그렇게 설득해서 호주로 가고 있는 이상 내 인생은 이제 호주에서 시작하고 뿌리를 내려야 한다는 생각이 들었다.

호주에 도착한 날, 왠지 슬프지도 기쁘지도 않았다. 지금 생각해 보니 가족과 함께 처음 호주에 왔을 때에는 여행 온 느낌으로 학교에 다녔지만, 이제 내 곁에는 아무도 없다는 생각에 앞으로의 일들이 겁이 나고 부담스러웠기 때문이었던 같다.

• 유학 가는 날!. 공항에서 엄마와 함께.

난 이제 혼자다

홈스테이를 정하고 난 후, 난 처음으로 혼자서 유학 준비를 시작했다. 얼마 후, 내가 입학할 Language School을 알아보러 다닐 때에는 아빠 엄마가 같이 오셔서 함께 다녔다. 그리고 나와 함께 10일 정도 지내다 한국으로 가셨다.

헤어지는 날 새벽, 난 울고 있어서 제대로 인사도 못 했고, 아빠는 울고 있는 날 보시고 서둘러 나가시는 바람에 점퍼를 두고 가셨다.

딸 사랑은 아빠라고 하더니 정말인가 보다. 나는 그 때 엄마보다 아빠 마음이 더 약하다는 사실을 알았다. 눈물을 흘리고 있는 딸을 정면에서 바라보지 못하던 아빠의 여린 마음을 나는 오랜 시간 동안 기억했다.

"하나야, 이제 그만 울음을 그쳐야지. 넌 잘해 낼 수 있을 거야."

내가 울음을 그치자 엄마는 조용히 내 손에 편지를 쥐어 주셨다.

"이 편지는 엄마가 우리 가족이 사랑하는 하나를 위해 쓴 편지야. 그러니 엄마가 간 다음에 읽어 보렴."

엄마는 웃는 얼굴로 아빠의 뒤를 따라가셨다. 얼굴을 돌려 애써 웃으시는 엄마의 표정에서 나는 더 큰 아픔을 참고 계시다는 사실을 그날 느꼈다.

'그래, 나도 엄마처럼 참아야지. 울어선 안 돼. 내가 우는 모습을 보이면 헤어져 있는 동안 내내 울고만 계실 거야. 그래선 안 돼지…… . 슬퍼도 참아야 해.'

나는 떠나가는 엄마께 마지막으로 환한 웃음으로 이별을 하였다. 엄마, 아빠가 서울로 돌아가시고 난 다음, 나는 하숙집에서 엄마가 주고 간 편지를 읽었다.

'나의 사랑하는 딸 하나에게……' 라고 시작되고, '하나를 이 세상에서 가장 사랑하는 엄마가' 로 끝나는 이 편지를 읽으며 나는 정말 구슬처럼 굵은 눈물 방울을 뚝뚝 흘려 편지지가 다 젖었었다. 지금도 이 편지를 읽으면 눈물 두세 방울 툭툭 떨어지게 만든다.

Language School을 6개월 정도 다니다

　4학년, 처음 호주에 왔을 땐 영어를 조금밖에 하지 못해도 바로 학교에 입학해서 학교 생활을 할 수 있었다. 그런데 3년 후, 호주에 와 보니 법이 바뀌어서 Language School을 다녀 일정 수준이 되어야 학교에 입학할 수 있게 되었다.

　그러니까 영어를 유창하게 하지 못하면 학교 수업을 따라갈 수가 없으니까 랭귀지 스쿨에 다니다가 영어 실력이 좋아지면 그 때 학교에 들어갈 수 있다는 것이다.

　나는 우리 나라에서 영어 말하기 대회에 나가 우수한 성적으로 꽤나 상을 많이 탔다. 하지만 호주에서는 어림 없었다. 그래서 나도 랭귀지 스쿨을 다녀야만 했다.

　Class level이 총 1~7개로 나뉘어져 있었는데, 맨 처음에는 level 4인 Class로 들어갔었다. 1은 가장 낮은 Class, 7은 가장 높은 Class이다. 아무리 내 level에 맞게 들어갔다지만, 처음엔 모든 것을 영어로 하니 어색하기도 했고 어려웠다. 하지만 선생님들도 많이 도와 주시고, 같은 반에 있었던 한국 아이들의 도움도 받고, 또 내 나름대로 열심히 공부한 덕분에 몇 달 뒤, 난 level 4에서 level 6으로 바로 올라갈 수 있었다. 그렇게 난 랭귀지 스쿨을 6개월 정도 다니다가 졸업했다.

영어를 배우려고 동양에서 온 아이들

내가 다녔던 랭귀지 스쿨에는 한국, 중국, 일본, 대만, 인도네시아, 태국 등 아시아권 여러 나라에서 온 학생들이 많았다. 난 한국 아이들하고 많이 지냈지만 일부러 영어 말하기 실력을 높이기 위해 될 수 있으면 외국 친구들하고 어울려 놀려고 노력했다. 뭐, 다들 비슷비슷한 실력이었지만 그래도 누군가와 영어로만 대화하며 지낸다는 것 자체가 어디인가!

난 주로 중국 애들하고 많이 놀았는데, 덕분에 가끔씩 중국말도 배워 다른 중국 사람들이랑 대화할 때 써먹고 그랬다.

아무튼 생김새도 제각기 다르고, 다른 언어를 사용하는 사람들이 '영어'라는 언어를 배우기 위해 한 자리에 모여 같이 공부하고 마음이 통하는 것 자체가 나에겐 정말 신기했다.

그 곳에서 난 영어를 제일 많이 배웠지만, 영어뿐 아니라 영어를

통해 여러 나라 문화에 대해 많이 알게 되었고, 서로를 좀더 존중하

고 이해하는 법을 배웠다.

With My Friends~.
(왼쪽부터) Hanna, Sylvia, Jess, K.K, and Me!!

낯선 곳에서 처음으로 타고 다니게 된 기차

  랭귀지 스쿨에 다닐 때 나는 Punchbowl이라는 동네에서 홈스테이를 하며 살았다. 랭귀지 스쿨까지는 기차를 타고 45분 정도 걸렸다. 난 6개월 동안 기차를 타고 다녔다. 호주 기차는 우리 나라 새마을호처럼 계란이나 오징어 파는 그런 기차가 아니다. 기차의 구조는 1, 2층이라는 것 빼고는 한국의 지하철과 비슷하다.

  한국에 있을 때 버스나 지하철을 혼자서는 한 번도 타 본 적 없는 내가 호주에서 기차를 타고 다녀야 한다는 말을 들었을 땐, 솔직히 겁부터 났다. 기차표 끊는 것부터 시작해서 어디에서 제대로 타고 내리는지 모든 걸 하나하나 다 배웠는데, 생각보다 무지 쉬웠다. 처음엔 기차 타는 게 재미있었지만 이젠 지겹도록 많이 타 봐서 그런지 별 느낌이 없다.

좌충우돌 아빠의 영어 실력 때문에 기차는 방향을 잃고

기차 얘기를 하다 보니 절대 잊을 수 없는 재미있는 사건 하나가 떠오른다. 그 날 아빠 엄마께선 내가 혼자 기차를 타고 다녀야 한다는 사실을 알고는 무척 걱정이 되셨던 모양이다.

"하나야, 아빠가 City에서 Punchbowl까지 기차 타는 법을 알려 줄게. 잘 보고 따라해야 한다. 너 잘못하면 집 잃어버려."

우리 가족은 기차역으로 갔다. 아빠는 서툰 영어로 표를 끊으셨고 우리는 기차를 탔다. 그리고 얼마쯤 가서 사람들이 조금씩 내리기 시작했는데, 아무리 가도 우리가 내릴 Punchbowl 역은 나올 생각을 하지 않았다. 걱정이 되신 아빠는 불안해하셨다.

"하나야, 왜 가도가도 Campsie가 안 나오냐?" 참고로 Campsie에서 조금만 더 가면 punchbowl이다.

그러나 엄마와 나는 더 가면 나오겠지 하는 마음으로 별 걱정 없이 한숨 잤다. 아빠께서도 곧 주무셨다. 결국 셋 다 10~15분 정도 정신 없이 잤다. 눈을 떠 보니 기차는 서 있었고, 주위엔 아무도 없었다. 알고 보니 그곳은 East hill 종점이었다. 우리 가족은 Punchbowl로 가는 기차가 아닌 정반대 방향으로 가는 기차를 탔던 것이다.

결국 우린 다시 City에 있는 기차역으로 돌아와 그 곳에서 확실히 Punchbowl로 가는 기차를 타고 집으로 왔다.

아빠는 큰소리 치시며 딸이 미아가 되지 않도록 몸소 시범까지 보여 주셨지만 끝내 반대 방향으로 가는 기차를 타고 만 것이었다. 그러니까 부천에서 상행선을 타고 서울로 가야 하는데 하행선을 타고 인천 종점까지 간 거나 마찬가지였다. 아직도 그 날을 생각하면 막 웃음이 나온다.

"Excuse me, 윽! 똥 싸."로 기차를 세웠던
대단한 엄마의 영어 실력

사실 이 이야기는 엄마와 나만이 알아야 할 비밀이다. 식사 전이나 식사 후, 아님 지금 뭔가를 드시고 계시다면 이 부분은 그냥 넘어가 주세요. 생각하기에 따라서는 다소 분위기를 망치니까요.

그 날은 엄마와 함께 City에 가기 위해 기차를 탔다. 기차를 타고 한참을 가는데, 갑자기 배가 살살 아프기 시작했다. 10분 정도 지나자 도저히 참을 수가 없어서 화장실을 찾았으나 기차에는 화장실이 없었다. 우리 나라 지하철에도 화장실은 없다.

"엄마! 나 아무래도 안 되겠어. 여기 내려서 볼일 보고 다음 기차를 타고 가요."

"그렇게 급해? 그럼 어서 내려 빨리 화장실에 다녀와."

엄마와 나는 기차에서 내렸고 나는 아무 생각없이 화장실로 달려

갔다. 볼일을 빨리 끝내고 플렛폼으로 왔을 때, 기차는 떠나지 않고 그대로 서 있었다.

"엄마! 어떻게 된 일이에요. 기차가 그냥 서 있다니요?"

"널 기다렸지. 어서 기차에 올라타."

아무 영문도 모르고 나는 엄마 손에 이끌려 기차에 타고는 어떻게 된 일이냐고 물었다.

"하나야, 널 두고 기차가 어떻게 가냐고 하잖아. 호호!"

자세히 들어보니 기차가 나를 기다려 준 것은 다름 아닌 엄마의 서 툰 영어 실력 덕분이었다.

내가 화장실로 갔을 때 엄마는 기차 문을 여닫는 사람한테 이렇게 말했다.

"Excuse me-wait a minute, my daughter 화상실을 가리키며 윽~
, 똥 싸."

역무원은 엄마가 동양인이라는 사실을 알고는 대충 짐작하고 내가 나올 때까지 출발을 미루고 기다렸던 것이다. 엄마는 내 상황을 역무 원에게 설명하면서 타고난 재능을 다 발휘해 온몸으로 연기를 한 게 틀림없었다. 역시 우리 엄마의 연기가 호주에서도 먹혔던 것이다.

다행히 그 날이 일요일이라서 기차를 이용하는 사람이 별로 없었기에 가능했던 일이다. 평일 같았으면 감히 있을 수 없는 일이었다.

아무튼 그냥 'Toilet에 갔다'라고 하면 될 일을 다급한 마음에 'My daughter 윽~ , 똥 싸!'라고 딸의 생리적인 현상까지 말해 기차를 세웠던 우리 엄마의 행동은 대단하시다. 아마도 전세계에서 똥 싸는 딸을 위해 기차를 세우신 분은 우리 엄마뿐일 것이다.

우리 엄마, 파이팅!

일요일~! 제가 살고 있는 Godon의 기차역이랍니다.
평일엔 굉장히 사람 많고 정신없는데, 주말에는 이렇게 조용해요.

초등학교 때부터 자주 다녔던 전학,
그리고 일곱 번째 학교 호주 Meriden

나는 전학을 정말 지겹도록 많이 다녔다. 초등학교 1~3학년 때까지는 세종, 4학년 때는 호주 스케그스 SCECGS, 5학년 때부터 6학년 되고 몇 개월은 서종에서 보내다가 양정으로 옮기고, 여름 방학 때 뉴질랜드에 가서 2개월 동안 학교 다니다가 오고, 6학년 2학기 때는 금교 나의 여섯 번째 학교 그 곳에서 난 제1회 졸업생이 되었다.

내가 다녔던 이 여섯 학교는 정말 아무 문제없이 쉽게 들어갈 수 있었지만, 문제의 일곱 번째 학교는 달랐다. 공립학교는 잘 모르지만 호주에 있는 사립학교들은 외국 학생 Overseas student이면 무조건 시험을 봐서 영어 실력이 우선 통과되어야만 학교에 입학할 수가 있었다.

호주에 와서 부모님과 난 명문 여자 사립학교를 원했지만, 처음부터 그런 좋은 학교에 들어가기에는 실력이 많이 부족했다. 또 명문이라는 소문을 듣고 Ravenswood 학교에 가서 시험을 보려고 했지만, 자리가 부족했다. 아무튼 그런 이유로 시험조차 보지 못했었고, 마지막으로 Meriden이라는 여자 사립학교에 가서 시험을 봤다. 내 점수를 살펴보던 선생님은 부드러운 미소를 보내더니 섭섭한 말씀을 하셨다.

"하나 양? 몇 달만 랭귀지 스쿨에서 더 공부하고 오세요."

처음엔 내 영어 실력이 이 정도밖에 안 되는 것 같아서 실망이 컸다. 하지만 어차피 영어 공부 하기 위해 호주에 왔으니 실력이 될 때까지 억척스럽게 공부를 할 수밖에 없었다. 영어로 말을 하거나 들을 수가 없는데 무조건 학교에 다닌다고 해서 나아질 게 없었기 때문이다. 그럴 바에야 차라리 랭귀지 스쿨에 다니면서 영어를 확실하게 알아두는 게 좋겠다는 생각이 들었다.

몇 달 동안 랭귀지 스쿨에 다니면서 열심히 공부했다. 영어 단어를 외우고 발음을 익히고, 아이들과 대화를 하면서 몇 달을 보냈다.

그리고 몇 달 후, 다시 Meriden에 가서 영어로 시험을 보았다. 가슴은 두근거렸다. 이번에도 랭귀지 스쿨에 가서 더 공부하고 오라고 하면 어떡하나 걱정이 되었다.

‘최선을 다했으니까 결과는 두고 봐야겠지.’

며칠 뒤, 드디어 학교에서 입학 허가를 받았다.

“하나 양! 영어 실력이 많이 늘었어요. 이제 학교에 입학해서 다니세요.”

학교에 다닐 수 있다는 선생님의 말씀에 뛸 듯이 너무 기뻤다. 이제 가방을 메고 정식으로 학교에 다니는 학생이 된다는 생각에 그 날은 잠도 오지 않았다.

Meriden에서 With Mel & Alex

호주에서의 하숙 생활

　호주에 내 핏줄인 사람은 아무도 없다. 나는 이제 하숙생 신세가 된 것이다. 대학에 다니는 언니나 오빠 들이 고향을 떠나 타지에서 하숙 생활을 한다는 소리는 들어 보았지만, 나처럼 외국에서 어린 나이에 하숙생이 되었다는 사실은 왠지 좀 쓸쓸했다. 간혹 나는 엄마 아빠와 함께 살면 얼마나 좋을까 하는 생각을 해 본다.

　다행히 나는 우리 가족이 1년 정도 호주에 살 때 친하게 지냈던 한국에서 이민 온 가족과 함께 살았다. 나 빼고 모두 다섯 식구가 살았는데, 모두들 바빠서 좀 정신이 없었다. 그래도 항상 웃음이 끊이질 않아 나도 덩달아 편안하고 즐겁게 하숙 생활을 할 수 있었다. 집에선 항상 한국말로 얘기했고, 한국식으로 밥을 먹었다. 한국 쇼, 드라마 프로그램을 비디오로 거의 매일 보다시피 했으므로 밖에 나가지 않는 한 나는 영락없이 한국에 사는 느낌이 들었다.

그 곳에서 한 1년간 홈스테이를 하다가 하숙집을 옮기게 되었고, 또 거의 1년간을 살다가 올해 또 옮겼다. 지금 하숙집에서도 똑같이 한국말로 얘기하고, 한국식으로 밥 먹고, 한국 비디오를 본다.

어린 나이에 유학 와 고생한다고 딸처럼 대해 주시는 어르신들이 있어서 다행이다. 같은 정서와 같은 피부를 가진 사람들끼리 산다는 게 얼마나 즐겁고 좋은지를 호주에 와서 느꼈다. 동양권인 중국 애들이나 일본 애들만 봐도 반가웠다.

제 방이에요!! 100년 된 집이라니 놀랍죠?

심한 우울증에 시달렸던 유학 생활

아무리 하숙 생활이 편하고 좋다고 해도 가족들과 같이 사는 것만큼 좋을 리가 없다. 가족과 떨어져 있어 봐야 부모나 형제의 소중함을 안다고 하는데, 정말 맞는 말인 것 같다.

호주에 유학 와서 거의 1년 동안은 적응하지 못하고 난 심한 우울증에 빠져 있었다. 틈만 나면 가족들이 생각나 거의 하루도 빠짐없이 운 것 같다.

유학을 오기 전에 아빠와 약속한 다섯 가지가 있었다. 맨 마지막 다섯 번째 약속이 바로 '나는 외로워도 슬퍼도 절대로 울지 않는다.' 인데, 이건 정말 지킬 수가 없었다.

도대체 왜 바보같이 우냐고, 공부하라고 잔소리하는 사람도 없고 마음대로 할 수 있어서 자유로워서 좋지 않느냐고 말하는 사람도 있을 것이다. 하지만 외국에 나와 있으니까 가족의 모든 게 그리웠다.

누가 서럽게 하거나 힘들게 하지 않아도 그냥 부모님이 곁에 없다는 것 그 자체가 허전하고 쓸쓸했다. 가끔은 엄마가 해 준 밥도 먹고 싶고, 학교에서 부모님 사인 받아 오라고 할 때마다 부모가 아닌 나를 보호해 주는 가디언의 사인을 받아야 할 때도 항상 기분이 우울했다.

학교에서 지옥 훈련을 두 번 간 적 있다. 다른 아이들은 모두 엄마 아빠가 너무 보고 싶어 얼른 집에 가고 싶다고 했다. 하지만 난 집에 가도 엄마 아빠를 볼 수 없었다. 물론 나를 보호해 주시는 가디언께서 잘 해주셨지만 그 때는 정말 힘들어서 이불 속에 머리를 박고는 소리 내어 엉엉 울었다.

외국 생활을 하다 보면 사소한 것 하나하나가 그립고 소중하다. 가족과의 인연이 이처럼 깊고 심오한지 정말 몰랐다.

외국에서의 유학 생활은 일단 자신이 모든 것을 스스로 결정히고 행동해야 한다. 하숙집 선택에서부터 진로, 그리고 용돈 등 결정해야 할 일들이 많다. 이제 나도 익숙해져서 한 달 하숙비가 사는 집에 비해 비산지 싼지를 생각하며 결정할 정도가 되었다. 그래도 난 아직 어려서 하숙집은 부모님이 결정해 주신다.

힘들 때마다 순간순간을 극복하며 앞만 보고 생활하다 보니 어느새 나의 우울증은 사라졌다. 한국에서 든든하게 나를 지켜봐 주시는 부모님이 지금의 강한 나를 만드신 것이다. 지금은 이 곳 생활에 익숙해져 있어서 불편한 점이 없다. 가끔 가족이 그립다는 것을 빼고는…….

내가 입학할 Language School 보시러
아빠, 엄마가 함께 호주로 오셨 을때.

유학 생활에서 용돈 기입장은 필수

나는 우리 나라에서 살 때에는 용돈이 거의 필요하지 않았다. 나이도 어렸지만 무엇보다도 돈을 쓸 데가 별로 없었다. 엄마가 간혹 용돈을 주셨지만 그 돈을 모아서 갖고 있다 보면 자꾸 불어나는 재미가 있어서 오히려 쓰기보다는 저축하는 데 더 익숙해져 있었다.

나는 군것질도 잘 안 하고, 정말 필요할 때만 돈을 쓰고, 누구한테 돈도 잘 꿔주지 않는 그린 구두쇠였디.

구두쇠 정신이 외국에 나왔다고 변하지는 않았을까? 천만에 더 지독해졌고 한단계 높은 자린고비가 되어 살고 있다.

우리 나라에서는 쓰지 않았던 용돈 기입장을 호주에 와서부터 쓰기 시작했다. 유학 생활을 하면서 용돈을 내가 관리하지 않으면 어디에 얼마를 어떻게 사용했는지 파악되지 않기 때문에 용돈 기입장은 쓸 수밖에 없다.

무엇을 썼는지 기억하기조차 싫어서 돈을 안 쓰게 되는 내 웃긴 심리 때문에 내 용돈 기입장에 적혀 있는 것은 거의 과외비, 이동전화 요금, 준비물 값, 아주 가끔 가다 하는 군것질 값뿐이다.

City시내가 아닌 도시 이름에 가면 정말 여러 가지 물건들을 아주 싸게 파는 가게들을 많이 볼 수가 있다. 작게는 1, 2불짜리부터 있다. 아주 특별한 물건이 아닌 이상 집에서 사용하던 물건을 City에 가서 팔아서 생활했다. 랭귀지 스쿨에 다닐 때에도 필요한 것은 거의 그 곳에 가서 샀다. 요즘도 가끔 City에 나가면 필요한 걸 사 오기도 한다.

유학 생활을 하다 보면 스스로 절제하지 못하는 경우가 있다. 이런 학생들은 반드시 용돈 기입장 쓰는 습관을 들이는 것이 좋다. 그리고 무언가를 사기 전에 꼭 나한테 필요한 물건인가를 여러 번 생각한 후 결정하는 것이 좋다.

아직 어린 나이이기 때문에 갖고 싶거나 좋은 물건을 보면 한 달 생활할 것을 생각하지 않고 마구 사는 친구들도 있다. 물건을 살 때마다 이 돈을 벌기 위해 부모님께서 피땀 흘려 고생하고 있다는 것을 알아야 한다. 그러면 사고 싶은 물건을 잡았다가도 슬쩍 놓는 경우가 많을 것이다. 절약하는 습관 없이는 유학 생활은 실패의 연속이다.

유학 생활은 짠돌이, 짠순이가 되어야 성공한다.

호주인들은 짜다?

저축하고 물건 아끼는 정신은 원래 엄마에게서 배웠다. 그런데 호주에 와서 더 많은 절약을 몸소 체험하고 있다.

호주에는 유행이 심하지 않다. 물론 기본적으로 멋을 부리는 10대 20대의 취향이라는 것은 있지만, 한국처럼 최신 유행을 따라가지 못하면 안 되는 것 같은 분위기는 없다.

한국은 너무 거품이 많은 것 같다. 계절이 바뀔 때마다 옷이나 휴대 전화, 디카, 신발, 헤어스타일 등 그런 것들을 최신형으로 바꾸지 않으면 마치 대단히 유행에 뒤떨어지는 사람으로 평가되어 따돌림 당하는 느낌이 든다.

한국의 여대생들이 명품을 사기 위해 이상한 아르바이트를 하고 초등학생들 사이에서도 명품 지우개, 명품 연필이 유행이라는 것을 인터넷을 통해 보았다.

땅이 넓고 자원이 풍부한 호주 사람들은 참 검소하다. 그들은 모든 생활에서 절약이 몸에 배어 있다. 아직도 무전기 같은 커다란 휴대 전화를 갖고 다니고, 옷도 한번 사면 몇 년씩 입는다. 도로에는 중고 차도 많고, 또 중고차가 아니더라도 자동차를 한번 사면 보통 10, 20년을 타고 다닌다고 한다. 자동차도 본인에게 필요한 성능이나 크기를 골라서 구입한다. 우리 나라 사람들은 자신의 수준에 걸맞지 않게 큰 차를 좋아하는데, 마치 자동차가 자신의 명예나 지위와 관계 있는 것처럼 여기는 것 같다.

호주에 이민 온 어떤 분이 한국에서 명품 정장을 사서 가지고 나오셨는데, 호주에 살면서는 입을 기회가 없었다고 하는 말을 들었다. 일에 따라 정장이 필요하기도 하지만, 그만큼 여기에서는 옷을 실용주의로 입는다.

호주 사람들의 오래 쓰고 아껴 쓰는 정신은 우리 나라 유학생들이 반드시 배워야 할 것 같다. 현실에 맞는 절약 정신을 배운다면 동양에서 일본 다음 우리 나라가 아닌 일등 대한민국이 될 것 같다.

순진한 도둑님

사람이 사는 곳에는 늘 나쁜 사람들이 있는 것 같다. 내가 하숙하던 집에 도둑이 들어와 물건을 훔쳐간 적이 있었다.

그 날, 난 방학을 해서 바로 다음 날 아침 한국으로 떠나려고 하던 참이었다. 한국에서나 호주에서나 학교에 다닐 때 방학은 왠지 기분이 좋다. 그렇게 꿈에 많이 나타나던 엄마 아빠를 만날 수 있다는 생각에 방학식을 마치자마자 기분이 좋아 하숙집으로 돌아왔다. 잔뜩 기분이 들떠서 콧노래까지 부르며 하숙집에 도착해 보니 내 방 안의 물건들이 모두 어지럽게 흩어져 있었다.

"엄마! 이게 웬 날벼락이야."

나는 너무 놀라 아무 말도 하지 못하고 있다가 안정을 되찾았다. 방 안을 둘러보니 창문은 다 깨져 있었고, 내 옷장에 있던 옷이란 옷은 다 꺼내어져 있었다. 내 서랍과 책상도 정말 엉망이 되어 있었다.

'아직도 도둑이 집 안에 있으면 어떡하지?'

이런 생각이 들자, 가슴이 쿵쾅거리면서 제자리에 풀석 주저앉고 싶었다.

'아니야, 이대로 앉아 있으면 안 돼. 집 안을 둘러봐야겠어.'

나는 쿵쾅쿵쾅 뛰는 가슴을 안고 집 안 곳곳을 조심스레 돌아다니며 살펴보았다. 집주인 방 안도 살펴보았는데, 내 방과 마찬가지로 물건이 어지럽게 널려 있었다. 다행히 도둑은 집 안에서 나갔는지 없었다.

"어휴!"

다시 한 번 마음을 안정시키고는 다시 내 방으로 들어가 보았다. 그제서야 내 침대 이불에 묻어 있는 핏자국이 눈에 들어왔다. 핏자국을 보는 순간 소름이 끼쳐 소리를 지를 뻔했다. 아마 창문을 깨고 들어오다가 다친 것 같았다.

"아참! 내 돈."

나는 그때서야 꼭꼭 숨겨 놓은 돈을 찾기 시작했다. 그런데 돈 봉투가 다른 물건들과 함께 어지럽게 널려 있었다. 정말 울고 싶었다. 얼른 봉투를 집어 살펴보았더니 돈은 그대로 있었다.

"어휴! 다행이야, 정말 다행이야!"

나는 돈을 주머니에 집어넣고는 집주인에게 전화를 했다. 나중엔 경찰이 다녀가는 소동까지 벌어졌다.

좀도둑인 모양이었다. 돈은 훔쳐가지 않고 내가 사서 얼마 메고 다니지 않은 카키 색 가방과 집주인 CD플레이어만 훔쳐갔다. 조금 순진한 도둑님인 것 같아서 다행이었다.

호주는 여러 인종이 살고 있어서 정서도, 생활 관습도 다르다. 그러다 보니 별의별 사람들이 다 살고 있다. 그래서 항상 조심해야 한다. 그리고 한국 사람들은 항상 현금을 많이 가지고 있다고 소문이 나 있어서 나쁜 사람들의 표적이 될 수도 있다. 내가 조심하고 스스로 지키지 않으면 큰 불상사가 일어날 수가 있다.

학생 비자 신청 절차 및 서류(한국에서)

조기 유학의 경우
초중고 학생 비자 준비 서류가 완벽할 경우 당일 비자 취득 가능

1) 재학 증명서 또는 졸업 증명서
2) 부모님 여권 사본 및 재직 증명서
3) 학생의 유효한 여권 및 사진 1장
4) 입학 허가서(영어 또는 정규학교) – 비자 신청 시점에 6주 이내 시작하는 코스
5) 영문 잔액 증명서(비자 신청 시점 1주일 내에 발행한 것 – 코스 기간 내 생활비,
   항공료 : 최장 1년)
6) 영문 호적 등본
7) 유학 사유서(호주에서 공부하고자 결심한 이유와 목적 설명 – 영문편지 형식)
8) 신체검사 결과서 (신검 장소 : 여의도 성모병원, 신촌 세브란스, 부산 침례병원 등)
9) 호주 거주 가디언 서약서 및 3촌 이내 관계 증명(호적등본/여권 및 비자 사본/
   신원 조회 결과서) 또는 학교로부터 학생의 거주 및 복지 확인서
10) 학생 비자 신청서(157A) – 신청서에 부모님 모두 서명
11) 비자 신청비 231,000 원

유학을 성공적으로 마치려면

지독한 외로움 때문에 난 심한 우울증으로
한동안 시달려야만 했다.
하늘을 나는 여객기만 보면 매달려 한국으로 가고 싶었다.

호주는 영국식 영어를 사용한다

많은 사람들이 알다시피 영어에는 영국식 영어와 미국식 영어가 있다. 호주는 영국식 영어를 하고, 한국에선 미국식 영어 교육을 한다. 요즘 영어학원에서는 영국식 영어 교육을 하는 곳도 많다고 들었다.

미국식 영어가 좋다느니 영국식 영어가 좋다느니 하는 건 옳지 않다는 생각이다. 언어라는 것은 다 그 나라에 맞게 생겨나는 것이기 때문이다.

난 처음에 미국식과 영국식 영어 발음을 전혀 구별하지 못했지만 이제는 조금 구별할 수가 있다.

미국식 영어는 막 굴리고 약간의 과장이 섞인 억양이고, 또 '에~' 소리를 내는 반면, 호주 영어는 점잖은 편이고 '아~' 소리를 낸다. '에~'와 '아~'의 차이를 예로 한번 들어보면, 'ask'의 미국식 발음은

[에~스크]이고 영국식 발음은 [아~스크]이다. 'After'도 미국식으로
는 [에~프터]이고, 호주식으로는 [아~프터]라고 발음한다. 미국식과
영국식 영어 발음에 좀 차이가 있어서 서로 대화할 때 약간 못 알아
듣기도 한다고 하는데, 사실 난 잘 모르겠다.

4학년 때 호주에 와서 생활할 땐 발음이 굉장히 좋다는 말을 많이
들었다. 그런데 다시 한국에 돌아가 학교에서 미국식 발음으로 영어
를 배우고, 또 뉴질랜드에 잠깐 다녀왔다가 다시 호주로 유학을 갔을
때는 짬뽕된 발음이라는 소리를 들었다.

우리 나라 사람들이 경상도와 전라도, 충청도 사투리를 정확하게
구별하듯 원어민들은 외국인들이 사용하는 발음을 들어보면 미국
식인지 영국식인지 아는 것 같다. 그래서 이것저것 섞인 내 발음을
보고 '짬뽕 영어' 라고 했던 기억이 난다.

솔직히 난 아직도 외국인들처럼 미국식 발음과 호주식 발음을 잘
구별하지 못한다. 들어도 그게 다 그거 같아서 그냥 내가 아는 대로
말을 하다 보면 그 정확하지 못한 발음 때문에 외국 친구들과 대화하
면서 답답했던 적이 몇 번 있었다.

가장 최근에 있었던 일은 나에게 영어 발음의 중요성을 깨닫게 해
주었다.

체육 시간에 그룹끼리 한 가지 주제를 정해 그 주제에 맞게 춤을 추어야 했다. 어떤 주제가 좋을지 서로의 생각을 묻던 중, 난 "How about dance like 모델즈? 모델들처럼 춤추는 건 어때?"라고 물었다. 그러자 친구들은 "Sorry, what did you say?"라고 나에게 물었다. 나는 다시 "Dance like 모델즈?"라고 말하자 "모델? What's 모델?" 하는 거였다. 난 "모델? 모오델? 모데엘?" 등 점점 작아지는 목소리로 여러 가지 억양을 사용하면서 계속 말했다. 외국 친구들은 내가 한참을 말한 후에야 웃으면서 "Ah~! 머데엘!!!"이라는 반응을 보였다.

내가 말한 [모델]이라는 억양과 발음이 어떻게 틀렸는지 글로 표현하지 못해 정말 안타깝다. 솔직히 내가 들었을 땐 내가 말한 [모델]과 [머데엘]과는 별 차이가 없었다. 하지만 외국 사람들에게는 확실히 다르게 들리는 것 같았다.

이런 식으로 서로 대화하고 많이 듣다 보니 이제 나도 억양이나 발음이 점점 나아지고 있다는 걸 느낀다.

영어를 잘 하려면 자신감이 가장 중요하다

외국인이 우리 나라 말을 잘 못하는 것은 당연하다. 그렇지만 발음은 서툴러도 열심히 하는 모습을 보면 정말 아름답다. 어디에서 저런 용기가 나오나 생각이 들 정도다.

외국에 나가서 특히 유학을 간 학생들은 내 발음이 서툴러 친구들이 알아듣지 못하면 어쩌지 하는 두려움을 갖고 있다. 솔직히 나도 처음엔 그랬다. 하지만 자신이 영어를 못한다는 쑥스러움을 던져 비려야지만 영어를 더 많이 배울 수 있고, 잘할 수 있다. 나도 처음엔 외국 선생님들한테 모른다고, 이해하지 못하겠다고 말하기가 쑥스러워서 그냥 외국 애들한테 물어보는 일이 많았다. 하지만 지금은 외국 애들한테도 물어보고 선생님께도 도움을 청한다.

선생님들도 내가 호주에 와서 영어 공부를 시작한 지 얼마 되지 않았다는 사실을 알고는 친절하게 하나하나 다 설명해 주서서 이젠 쑥스러운 것도 없다.

영어로 말을 할 땐 틀려도 항상 큰 목소리로 자신 있게 말해야 한다. 말로는 쉬울 것 같지만 막상 하려면 용기가 나지 않아 어렵다. 나도 항상 자신 있게 하려고 노력은 하는데 잘 안 될 때가 많다.

아무튼 발음과 자신감은 영어를 잘 하는 데 있어서 50%를 차지한다고 생각한다. 그리고 나머지 50%는 실력이다.

내가 배우는 책이에요!! 대학교 원서 같지요?

한국에서 통용되는 콩글리쉬는 외국에서 안 통한다

처음 호주에 갔을 때 외국 애들이 내 팔을 보며 "너 추워?" 하고 물었지만 번뜩 떠오르는 단어가 없었다. 우리말로는 '닭살이 돋았다.'고 한다. 나는 닭살이 영어로 뭔지도 몰랐고, 그 여름에 '응! 추워서 이래!' 라고도 결코 말하고 싶지 않았다. 그래서 그냥 "No! my skin is chicken skin~."이라고 말했다. 아이들은 'Chicken skin'이 뭔지 몰랐지만, 내가 영어를 잘 못해서 그런가 보다라고 생각했는시 그냥 고개를 끄덕이고 넘어갔다.

후에 과외 선생님한테 물어봤는데 'Chicken skin'은 콩글리쉬이고 'Goose bumps'가 맞는 표현이라고 하셨다. 우리가 일상 생활에서 흔히 쓰는 단어들은 콩글리쉬가 대부분인데, 외국인들은 전혀 알아듣지 못한다. 호주에 유학 오는 후배들을 위해 몇 가지 예를 들어 콩글리쉬와 영어의 차이점을 소개한다.

1. 핸드폰 — mobile phone
2. 아이쇼핑 — window shopping
3. 화이트 — white-out(liquid paper)
4. 오토바이 — motorcycle, motorbike
5. 스카치테이프 — sticky tape
6. 컨닝 — cheating
7. 메니큐어 — nail polish
8. 리모컨 — remote controller
9. 에어컨 — air conditioner
10. 아르바이트 — part time job
11. 탤런트(재능) — actor, star
12. 싸인 — autograph, signature
13. 호치케스 — stapler
14. 아파트 — apartment
15. 로션 — emulsion
16. 스텐드 — lamp
17. 파마 — permanent wave
18. 볼펜 — ball point pen
19. 핸들 — steering wheel
20. 백미러 — outside mirror, rear mirror, rearview mirror
21. 가스레인지 — gas stove
22. 전자레인지 — microwave oven
23. 바바리(코트) — trench coat
24. 알레르기 — allergy
25. 컴플렉스 — personal problem
26. cf — commercial, advertisement
27. 폴라티 — turtle neck sweater
29. 싸인펜 — felt-tip pen
30. 매직펜 — permanent marker

31. 린스 — hair conditioner
32. 레스트호프 — bisrro
33. 코팅 — laminating
34. 카센터 — car center-auto repair center
35. 형광펜 — underline pen-highlighter
36. A/S센터 — repair shop
37. 카레라이스 — curry and rice
38. 오므라이스 — omlet over rice
39. 삐삐 — beeper/pager
40. 골인 — goal/make a goal
41. 파이팅(응원해) — come on/cheer up
42. 선글라스 — sunglass-sunglasses
43. 와이셔츠 — dress shirt/white shirt /shirt
44. 미팅 — blind date
45. 콘도 condo — timeshare/resort hotel
46. 썬탠 크림 — suntan cream-sunscreen lotion/sun block cream
47. 카셋트(녹음기) — cassette player
48. 드라이버 — screw driver
49. 포켓볼(당구) — pool
50. 렌즈(눈에 끼는) — contact lenses/contacts
52. 콘센트 — outlet/socket
53. 무스탕 — leather jacket
54. 오바이트(토하다)(over eat=과식) — vomit/throw up/barf/puke
55. 콩글리쉬 — broken english

마지막으로 '콩글리쉬' 라는 단어 자체가 잘못되었다.

한국 학교와 호주 학교의 차이점

한국은 '입시 지옥' 이라는 소리를 많이 들었다. 이 곳에 유학 온 몇 몇 학생들은 입시 지옥을 피해 오기도 하는 것 같다. 호주 학교는 훨씬 자유롭고 공부를 무지하게 덜 한다.

한국에서도 학교에 따라 초등학교는 5일제 수업을 하고 있다는 소식도 들었다. 하루 쉬는 것과 이틀 쉬는 것은 굉장히 큰 차이가 있다.

호주 학교는 1년에 방학을 네 번이나 한다. 세 번은 2~3주 정도 되지만 한 번은 한 달 반 정도 길게 하는데, 난 방학 때마다 한국에 가서 부모님을 보기 때문에 방학이 무척 기다려진다.

호주의 학교는 학과 공부보다는 여러 가지 재미있는 프로그램을 많이 함으로써 학생들이 즐겁고 자유롭게 학교 생활을 할 수 있게 되어 있다.

또 대부분 교복을 입는다. 그런데 최소한 한 학기에 한 번씩은 사복을 입는 'Mufti Day'라는 날이 있다. 이 때는 학교에다 1불이나 2 불씩 내야 한다. 안 내도 강제로 받지는 않지만, 대부분 돈을 낸다.

내가 전에 다녔던 Meriden이나 또 지금 다니고 있는 Ravenswood는 여자 사립학교인데 좀 규율이 엄격하다. 평소엔 머리도 항상 검정색 리본이나 학교에서 정한 리본으로 묶고 다녀야 한다. 머리띠 혹은 튀는 머리 핀도 안 될 뿐더러 목걸이, 팔찌, 귀걸이 등 모든 액세서리도 하면 안 되고, 화장도 하면 안 된다. 하지만 Mufti day에는 학생들이 예쁘게 치장을 해도 되는 자유로운 날이다. 짜증날 정도로 많이 지켜야 할 학교 규율과 교복에 지친 우리들에게 활력을 불어넣어 주는 날이다.

이 날은 학교에서 학생들이 직접 음료수, 아이스크림, 쿠키, 도넛, 핫도그, 햄버거 등등을 팔 때가 종종 있다. 일종의 봉사 활동이다.

또 공립학교는 어떤지 모르지만 사립학교에서는 과목별로 체험 학습을 자주 한다. 과학 시간에 강물의 오염도를 알아보기 위해 버스 타고 근처 강가로 가서 여러 가지 도구를 이용해 공부하기도 한다. 좀더 쉽게 이해하고 공부할 수 있도록 역사에 관한 연극도 보고, City로 나가 여러 가지 건물의 그림도 그리며 사진도 찍는다. 그리고

남자 학교를 방문해서 춤을 배우고 함께 춤 추면서 놀 수 있는 재미

있는 체육 현장 학습의 기회를 만들기도 한다.

또 학교마다 House 체험의 집 가 있는데 전교생 모두가 학교에서

정해 준 House에 들어가 열심히 활동한다. House끼리 합창 연습

을 해서 나중에 다 함께 모여 누가 더 잘하나 대회도 연다. 또 각

House마다 춤, 노래, 악기, 연극 등을 잘하는 사람을 뽑아 House

끼리 모여서 장기자랑을 겨루기도 한다.

여름엔 수영 카니발을 개최하고 가을엔 스포츠 카니발을 하는데,

누가 더 수영, 그리고 운동을 잘하나 대결하는 것이다. 경기에 출전

하는 사람들은 자기 House를 위해 열심히 하고, 출전하지 않는 학

생들은 함께 즐기며 자기 House를 대표해 나간 학생이 이기도록 열

심히 응원한다. 그리고 제일 많이 이긴 House는 상을 받는다.

유학하는 생활이 쉽지는 않지만 한국에서 틀에 박힌 교과 수업에

시달리며 생활하는 것보다는 좀더 자유롭고 재미있는 학교 생활을

보내고 있는 건 사실이다.

공부보다는 인간성을 키워 주는 선생님들

유학 생활이 힘들기는 하지만 학과 공부보다는 자유로운 체험 활동이 많아서 학교 생활이 즐겁다. 가끔 한국에 살고 있는 친구들하고 채팅을 하는데, 친구는 숙제가 어려워서 못 하겠다고 불평을 하기도 한다.

"아는 것만 해 가고 모르는 것은 어려워서 못 했다고 하면 되잖아?"

나는 어느새 한국 실정을 모르고 이렇게 말을 해버렸다.

"숙제 안 해 가면 매맞는 거 너 모르니?"

"세상에 숙제를 안 했다고 때려?"

호주에서는 절대로 학생들에게 매를 들지 않는다. 선생님이 학생들을 어떤 이유로든 때린다는 것은 상상할 수 없는 일이다. 만약에 그런 선생님이 있다면 금방 경찰서로 붙잡혀 갈 것이다.

숙제를 몰라서 또는 나름대로 사정이 있어서 하지 못했다고 이유를 대면 선생님들께서는 다 이해해 주신다. 숙제를 안 해 가도 대부분 선생님들은 좋은 말로 다음 번에 해 오라고 하거나 그냥 숙제 안 한 만큼 점수를 깎고 만다.

한국에선 선생님들이 대부분 공부 열심히 하라고 학생들에게 스트레스를 주고 있지만, 여기선 절대 그런 일이 없다. 오히려 선생님들께서는 공부에 대한 스트레스를 주지 않으려고 무척 노력하신다. 시험 때문에 애들이 걱정을 하면 '너무 스트레스 받지 말아라.', '너희들은 조금만 열심히 하면 잘할 거야.', '그냥 최선을 다하렴.' 하고 격려해 주신다. 아주 가끔 특별한 선생님도 있기는 하지만 대부분의 선생님들은 이렇게 공부에 대한 스트레스를 전혀 주지 않는다.

Meriden에서 Commerce 선생님과 함께!

외국 친구들

외국 아이들은 순진하다고 말하는 사람들이 많다. 그러나 꼭 그렇지만은 않다. 초등학교 때에는 모두 개구쟁이이고 순진하지만, 중학교에 들어오면 자의식이 생기면서 성격이 별난 친구들도 많다.

나를 비롯해 유학 온 외국 친구들을 위로해 주는 아이가 있는가 하면 영어를 못한다고 아주 무시하는 친구들도 있다.

"하나야, 넌 정말 영어를 잘하는구나! 나는 한국어를 하나도 못하는데."

"그래도 이번 시험은 잘 못 본 것 같아 속상해."

"영어 배운 지 얼마 안 된 네가 그 정도 했으면 잘한 거지 뭐. 부모님과 떨어져 있어서 힘들지?"

이런 식으로 외로운 친구들을 위로해 주는 친구도 있다. 하지만 성격이 좋지 않은 외국 친구들은 한국 유학생이나 동양에서 온 아이들과 모여 이야기를 하고 있으면 괜히 와서 시비를 건다.

"제발 한국말로 얘기하지 말아 줄래? 정말 듣기 싫고 짜증나거든!"

이런 식으로 완전히 무시하고, 뒤에서 욕하는 애들도 적지 않다. 그리고 내가 단지 한국 사람, 아시안이라서 싫어하는 애들도 좀 있다.

처음엔 자존심 상하고 서러웠지만 지금은 아무렇지 않다. 그냥 '나쁜 아이들' 하고 무시해 버린다. 어느 나라에나 이런 친구들은 꼭 있기 마련이니까.

어렸을 때 이민 와서 한국말보다 영어를 더 잘하는 한국 애들이 외국 애들에게 한국에 대해 나쁜 점을 더 많이 말해서 인식이 좋지 않은 것 같아 정말 속상할 때가 많다.

"너희들이 한국을 오래 전에 떠나와서 잘 몰라서 그래. 우리 나라는 지금 많이 변했어. 그리고 우리 나라 역사는 5천 년이나 돼. 잘하는 영어로 우리 나라 역사 자랑 좀 해 주면 안 되니? 호주 역사하고는 쨉도 안 된다는 걸 말이야!"

아무튼 어디에서 들었는지 호주 아이들은 한국을 못사는 나라로 알고 있다.

난 한국이 빨리 호주보다 잘사는 나라라고 큰소리 뻥뻥치고 다녔으면 하는 소망이 있다. 그 소망이 정말 꼭 이루어졌음 좋겠다. 그러기 위해서는 우리 나라가 국제적인 인재를 많이 배출해야 한다. 그때 필요한 것이 바로 '영어' 이다.

나라와 가족의 품을 떠나 영어를 배우러 먼 이 곳까지 왔으니 열심히 공부해서 대학을 졸업하고 한국으로 돌아가 훌륭한 영어 선생님이 되어야 한다. 그래서 우리 나라를 세계에 알리는 훌륭한 일꾼들을 많이 키우고 싶다.

교실들이 이렇게 왼쪽, 오른쪽으로 있답니다.

자신 있게 말하라, 많이 듣고 많이 외워라

아직도 영어를 완벽하게 하지는 못하지만, 나보다도 부족한 영어 실력을 가진 사람들에게 조금이나마 도움이 되었으면 하는 바램에서 내가 공부했던 방법들을 소개해 본다.

우선, 영어를 아주 잘 하려면 많이 말하고 Speaking, 많이 듣고 Listening, 많이 읽고 Reading, 많이 써야 Writing 한다. 그리고 가장 중요한 것은 단어이다. 단어를 많이 알아야만 말하고, 듣고, 읽고, 쓸 수가 있는 것이다.

단어를 외우는 방법은 사람마다 다르겠지만, 난 외울 단어들을 녹음기에다 녹음해 두고 단어를 다 외운다. 그런 다음에 녹음기를 틀어 단어의 뜻을 적는 식으로 해서 나 혼자 시험을 보곤 한다. 또 단어의 뜻을 찾은 뒤에 영작을 해 보는 것도 도움이 된다. 그냥 무조건 계속 써 보면서 외우는 사람들도 있는가 하면 큰 소리로 읽고 또 읽고, 보고 또 보면서 외우는 사람들도 있다. 나의 영어 공부 방법을 하나씩 이야기해 볼까 한다.

Speaking – 자신 있게 대화를 많이 하라

말하기를 잘 하려면 자신감, 발음과 억양, 그리고 문법이 따라줘야 한다. 문법에 약하면 단어라도 많이 알고 있어야 한다. 자꾸 외국 사람하고 대화를 해 보는 것이 Speaking 실력을 높이는 데 가장 좋은 방법이라고 생각한다. 보통 한국 사람들은 꼭 문법대로 완벽하게 말하려고 하고, 틀릴까 봐 대화를 안 하는 사람들이 많다. 그렇게 영어를 공부해서는 절대 늘지 않는다. 그냥 자기가 아는 단어만 사용해서 틀리게 말을 해도, 그 외국 사람은 이해를 한다. 왜냐 하면 한국 사람이기 때문에 영어를 잘 못한다고 생각을 하고 들어 주기 때문이다. 그리고 틀린 점이 있으면 지적해 주고 격려해 줄 것이다.

아무튼 외국 친구들하고 대화를 하다 보면 좀더 친해져 친구도 될 수 있고, 무엇보다 말하기 실력을 높이는 데 아주 좋다.

Listening – 많이 듣고 단어를 기억하라

아는 단어가 많아야 한다. 누가 무슨 말을 할 때 다는 이해하지 못

하더라도 아는 단어 몇 개만 있으면 대충 눈치껏 무슨 말을 하는지 알 수 있다. 듣기 실력을 높이려면 많이 듣는 수밖에 없다.

난 텔레비전이건 라디오건 그냥 닥치는 대로 들었다. 대충 눈치껏 이해하거나 몰라도 그냥 들었다. 또 좋은 팝송을 몇 개 골라 계속 들은 후에 웬만큼 귀에 익숙해지기 시작하면 들으면서 가사를 적었다. 모르는 단어는 그냥 소리나는 대로 짐작해서 쓰거나 넘어갔고 아는 단어들만 쭉 써서 나중에 가사를 확인해 보고 틀린 건 고치고 몰라서 못 썼던 단어는 다시 외웠다. 그렇게 공부한 뒤에 나중에 또 한 번 써 보면 거의 다 맞았다. 내가 Language school에 다닐 때 했던 건데, 정말 괜찮은 공부 방법이다.

Reading - 소리 내어 읽어라

뭐든 많이 읽어야 하지만, 책을 읽는 게 가장 좋은 것 같다. 난 도서실에 가서 내 수준에 맞는 재미있는 책 몇 권을 빌려서 집에 와 큰 소리로 읽어가면서 모르는 단어들을 외우고 그랬다. 읽다 보면 목이 아파서 항상 소리 내어 읽지는 못했지만, 음독하는 건 굉장히 좋은 방법이라고 생각한다.

Writing – 무조건 많이 써 보자

쓰는 것도 역시 단어를 많이 알아야 하고 문법을 잘해야 한다. 문법은 이해만 확실히 잘 하고 기억력만 좋다면 별로 어렵지 않다. 그리고 문법책을 사서 공부하는 것도 좋지만 내 경험상, 책을 많이 읽는 것도 문법 공부에 적지 않게 도움이 된다. 영작 실력을 늘리려면 무조건 많이 써 보는 수밖에 없다.

내가 영어 공부했던 방법들인데, 조금이나마 도움이 되었으면 좋겠다. 그리고 꼭 기억해 둘 것은 영어는 시간을 갖고 꾸준히 조금씩 공부해야만 는다는 사실을 명심하기 바란다. 절대 서두른다고 되는 게 아니다.

초중고 학생 비자 준비 서류(호주에서)

1) 종전 학교 출석률(80% 이상)/성적 증명서

2) 신체검사 영수증(단, 신체검사한 지 1년이 지났을 경우에 한함.)

3) 입학 허가서(e-COE)

4) 한국의 영문 예금 잔액 증명서(1개월 내 발행한 것) 또는 호주의 3개월간 Bank Statement

5) 영문 주민등록등본 또는 영문 호적등본

6) 최종학교 졸업 증명서 또는 재학 증명서

7) 의료보험 영수증(단, 학교에 직접 납부하고 e-COE 상 납부했다고 표시되었을 경우 필요 없음.)

8) 학교로부터 학생의 거주 및 복지 확인서 / 또는 가디언 서약서 및 3촌 이내 관계 증명서(호적등본/여권 및 비자 사본/신원 조회 결과서–10년간)

9) 학생 비자 신청서(157A) – 신청서에 부모님 모두 서명

10) 여권 및 비자 신청비($315)

나를 성장시켜 준 제2의 고향 '시드니'

유학을 왔다는 사실 하나만으로도
나는 선택을 받은 것이다.
좋은 환경과 교육 제도 속에서 열심히 공부할 것이다.

내가 다녔던 학교 Meriden,
그리고 지금 내가 다니고 있는 학교 Ravenswood

쉽지 않게 들어간 Meriden에서 난 1년 반 정도 생활했다. 처음엔 학교 생활에 적응하느라 좀 힘들긴 했지만, 나름대로 재미있게 생활했다.

처음에는 호주 친구들을 사귀려고 굉장히 노력을 많이 했다. 하지만 확실히 초등학교 때와는 달라 영어가 서툰 한국에서 온 나를 이방인 취급했다.

내가 영어 못한다고 뒤에서 욕하기도 하고, 또 욕은 하지 않아도 나랑 같이 안 놀려고 거리를 두는 학급 친구들도 있었다. 그 때마다 어찌나 기분이 나쁘고 서러웠는지 모른다. 영어 못하는 게 뭐 그리 죄라고… 자기들은 한국말은 하나도 못하면서 말이다.

영어를 못해서 상처받고 자존심 다 상했으니 그 친구들하고 어울려 놀고 싶은 마음이 싹 사라졌다. 친구들이 무시하는 거 알면서도 모르는 척, 말을 걸고 웃으며 친절하게 대했다. 아직 어리다 보니 학교에서도 한국 애들은 한국 애들끼리, 중국 애들은 중국 애들끼리, 호주 애들은 호주 애들끼리 논다. 나이가 어려서 다른 나라에 대한 역사나 문화에 대한 호기심과 이해심 같은 게 없어서인 것 같다.

• Meriden에 다닐 때 점심 먹는 친구들과 함께.

호주 최고의 명문 'Ravenswood'에 다니기까지

  그럼 이제, 학교 수업에 대해서 좀 얘기해 볼까 한다. 처음엔 정말 어려웠다. 수업 시간에 선생님들께서 말씀하시는 게 전혀 귀에 들어오지 않았다. 우리 나라 속담 가운데 '소의 귀에 경읽기'나 마찬가지였다. 수업을 거의 따라가지 못해서 무척 속이 상했다. 답답하기도 했다.

  하지만 호주에는 유학생들이 많아서 학교에서 ESL English Second Language을 두어 영어를 잘 못하는 외국 학생들에게 특별히 선생님께서 영어 지도를 해 주셨다. 특별 교실 선생님은 문제 하나하나를 쉽게 설명해 주시고 숙제 같은 것도 많이 도와 주셔서 큰 도움이 되었다. 그렇게 Meriden에서 생활하다가 갑자기 Ravenswood로 옮기게 되었다.

  호주에서는 Meriden도 좋은 학교지만 Ravenswood가 더 좋은 학교로 평이 나 있다. 그래서 Ravenswood로 전학을 가야겠다고 마음을 먹었다.

나는 모든 것을 혼자 결정해야 했다. 그냥 Meriden에 다닐 수도 있었지만 욕심이 생겼다. 그리고 나 자신을 시험해 보고 싶기도 했다. 그래서 Ravenswood의 편입 과정을 알아본 후에 시험을 보았다.

생각보다 시험을 썩 잘 보지 못한 것 같아서 거의 기대를 안 하고 있던 중 합격 통지서를 받았다.

나는 너무 놀랍고 기뻐서 눈물까지 나왔다. 사람이 간절히 원하고 노력하면 이루어진다는 말이 맞는 것 같았다. 나는 한국에 전화를 걸었다.

"엄마, 나 Ravenswood에 합격했어. 그 학교로 전학 가야 해요."

"어머! 하나야, 너무 잘됐다. 이 엄마는 너무 기쁘단다."

엄마는 너무 기뻐 눈물을 훔치고 계신 것 같았다. 후에 아빠께서 전화를 하셨다.

"우리 하나 정말 퍼펙트다, 퍼펙트 딸이라고!"

아빠가 가르쳐 주신 영어 단어가 퍼펙트였는데, 아빠도 너무 기쁘신 것 같았다.

처음 호주에 와서 학교를 선택할 때, Ravenswood에 입학하고 싶었지만 자리가 없다고 해서 시험조차 보지 못했었다. 그런데 내가 어느새 Ravenswood에 전학해서 학교 생활을 할 수 있다는 사실에 나는 커다란 자부심을 느꼈다.

Ravenswood는 호주에서도 몇 안 되는 명문 학교에 속한다. 그런데 한국에서 온 내가 이 학교에 다닐 수 있다는 사실이 믿어지지 않았다.

Meriden 친구들은 나와 헤어지기 싫다며 전학 가지 말라고 했다. 나도 새로운 학교에 가서 낯선 분위기로 한동안 지내야 한다는 생각이 들지 않은 건 아니지만, 그 정도는 겪어야 하고 이겨 낼 수 있다는 생각이 들었다.

Ravenswood는 전에 다니던 학교와는 학습 분위기 전체에서 다소 차이가 있다. Ravenswood 아이들은 전체적으로 친절하고 착하다. 서로 인사하고 친하게 지내는 호주 아이들도 있지만, 여전히 놀 때는 이 학교도 마찬가지로 동양인들은 동양인들끼리 모여서 논다. 아마 정서가 잘 맞지 않는 것도 하나의 이유일 것이다.

동양인은 모두 다섯 명인데, 모두 어렸을 때 호주에 이민 왔거나, 오래 있어서 발음이 무척 좋다. 한국 애들 두 명과도 노는데, 그 친구

 하나는 열네 살에 혼자서 유학을 떠났어요

들도 어렸을 때부터 영어를 접해 왔기 때문에 한국말보다 영어를 더 잘한다.

Meriden과는 달리 이 곳 Ravenswood 9학년 중에서는 한국 유학생이 나밖에 없다. 그만큼 이 학교는 외국인 학생이 들어오기가 쉽지 않은 명문인 것이다.

이 학교에서는 더 이상 ESL을 하지 않는다. 처음엔 하는 줄 알고 시간표를 살펴보았는데 없었다. 그래서 따로 선생님을 찾아가 ESL에 대해서 여쭤 보았다. 그러자 선생님은 내가 영어 시간에 공부한 걸 쭈욱 훑어보시더니 빙그레 웃으셨다.

"내가 봤을 땐 하나 양이 영어 하는 데 별 문제 없는 것 같다. 그런데 이걸 왜 하려고 하니? 보충 수업을 받고 싶으면 목요일 학과 수업 후에 제 2교실로 오너라."

나는 날아갈 듯이 기뻤다. '야호!' 하고 소리를 질렀다.

이젠 웬만하면 거의 다 알아듣고, 전처럼 수업하는 데 지장이 없는 걸 보면 확실히 영어 실력이 늘었나 보다.

한국과는 차이가 많은 학교 교과 과목들

호주에선 9학년 때부터 기본 과목은 필수로, 그리고 나머지 과목들 중 2~3개 과목은 자신이 정해서 공부한다.

기본 과목들은 영어, 수학, 과학, 역사, 지리, 체육, Religious Education종교이다. 종교 과목은 물론 학교마다 다르다. 그리고 자신이 선택할 수 있는 과목은 음악, 미술, 언어일본어, 중국어, 프랑스 어, 독일어, 라틴 어 등이다. 그리고 디자인 & 테크놀리지, 연극, 음식 테크놀리지, 코머런스 등이 있다.

지금 Ravenswood에선 두 과목만 선택할 수 있어서 난 미술, 디자인 & 테크놀리지를 하고 있다.

미술은 내가 좋아하는 과목이어서 선택했기 때문에 무척 즐겁게 공부한다. 그런데 디자인 & 테크놀리지를 선택한 것은 많이 후회한다. 만들고, 꾸미고 그러는 거라서 재미있는 줄 알고 선택했는데, 쉽지가 않아서 무척 헤매고 있다.

그러나 우리 나라 중학교에서는 이러한 학과 수업을 받을 수가 없기 때문에 싫어도 열심히 하고 있다. 많은 것을 배워 두면 나쁠 게 없을 것 같아서이다.

내가 다니는 학교 RavenSwood 정문. 100년이 넘은 학교예요.
등교길에… 학교에 다 와서 찍은 사진인데 좀 일찍 가서인지 사람들이 없더라구요.

지옥 훈련은 꼭 가야 한다

'지옥 훈련'이라고 부르는 '생존 체험 훈련'이 호주에서는 학교마다 다 있는 것 같다. 내가 전에 다녔던 Meriden은 다른 학교보다 한 학기를 먼저 시작해서 일찍 학년이 올라간다. 그래서 한 학기 앞당겨 지옥 훈련을 떠난다. 내가 Meriden에서 9학년이 되었을 때 'Year 9 camp'라고 해서 4박 5일로 지옥 훈련에 참가했다.

지옥 훈련에 갔다 온 선배 10학년 언니들의 얘기를 들어보니 정말 가기 싫었다. 산 속이기 때문에 화장실이 없어서 구덩이 파고 볼일 보고, 씻지도 못하고 완전히 고생을 바가지로 하고 왔다고 들었다. 학교에서는 캠프를 가장한 지옥 훈련을 시키는 것이었다.

많은 애들이 생리한다고 거짓말하며 지옥 훈련에 안 가려고 하였다. 하지만 무조건 가야 하고 안 가는 아이들은 결석으로 처리한다. 다리가 부러지지 않은 이상 꼭 가야 한다는 선생님의 무서운 협박성

발언 때문에 나도 어쩔 수 없이 다녀왔다.

세상에 태어나서 가장 힘들었을 때를 꼽으라면 난 주저없이 지옥 훈련을 말할 것이다. 첫날부터 푹푹 찌는 날씨에 거의 내 몸집 만한 가방을 메고 10km를 울퉁불퉁한 오르내리막 산을 걷는데, 힘들어 죽는 줄 알았다.

그 날 밤, 텐트도 아닌 큰 천막 아래서 오들오들 떨면서 잠을 청하고 있었다. 그런데 갑자기 자려고 누워 있던 애들이 "Happy birthday to you~, happy birthday to you~." 하고 나에게 생일 축하 노래를 불러주는 게 아닌가! 그 날은 10월 20일, 내 생일이었다. 그 날 새벽 일찍 하숙집을 나와야 했기 때문에 미역국도 못 얻어먹고 하루 종일 너무 고생해서 내 생일인 걸 나도 잠시 잊었던 것이다.

친구들에게서 생일 축하 노래를 듣는데 그렇게 슬펐던 건 그 날뿐이었으리라 생각된다. 다음에 있을 지옥 훈련의 불안감 때문에 전혀 기쁘지가 않았다. 생일이었지만 썩 좋지 않은 기분으로 잠이 든 그 날 밤, 난 얼어죽는 줄 알았다.

그 날 이후, 난 암벽타기도 했고, 10km 카누 타고 거센 물살을 헤치며 내려가기도 했다. 게다가 나보다 크게 보이는 배낭을 메고 계속 4박 5일 동안 장소를 옮겨 다녀서 몸은 곧 쓰러질 정도로 지쳐 있었다. 먹는 것도, 그릇을 닦는 것도 결코 청결하지 못했고, 난 하루에 한 번씩 볼일을 봐야 했기 때문에 임시로 파놓은 구덩이 화장실을 들락거렸다.

지옥 캠프에서 가장 괴로운 것은 땀에 절은 몸을 씻지 못한다는 것이다. 캠프에 갈 땐 버스 안에서 모두가 모자를 벗고 깨끗한 모습으로 해맑게 웃으며 갔었다. 그런데 돌아올 땐 한 명도 빠짐없이 모두 모자를 푹 눌러쓰고 더럽고 녹초가 된 거지꼴이었다.

지옥 캠프를 다녀와서 좋은 점도 있었다. 호주 친구들을 많이 사귀었고, 죽도록 힘든 게 뭔지도 느낄 수 있었다. 인생에 있어서 좋은 경험이긴 하지만 두 번은 하기 싫었다. 그리고 난 다짐했다. 죽어도 다시는 이런 곳에 오지 않겠다고!

그런데 지옥 캠프의 운명은 또 나를 부르고 있었다. Ravenswood로 전학을 온 지 몇 주 뒤였다. 이 학교에서도 지옥 훈련을 간다는 것이었다. 장소도 똑같은 곳으로 정해져 있었다.

나는 비슷한 프로그램을 다시 한 번 받아야 한다는 생각에 정나미가 뚝 떨어졌다. 어떻게 하면 안 갈까 고민도 했었고, 밤마다 지옥 훈련 꿈에 시달리기도 했다.

나는 용기를 내어 담임 선생님을 찾아갔다.

"돈은 안 돌려 줘도 됩니다. 저는 지난번 학교에서 같은 장소로 캠프를 다녀왔으니까, 이번에는 빼주세요. 제발!"

나는 울면서 담임 선생님께 애원하다시피 했다. 그러자 담임 선생님께서는 새로운 친구들을 사귀려면 이 학교에서도 캠프에 참여해야 한다고 말씀하셨다. 그리고 한 마디 더, 그 학교보다는 프로그램이 다소 약할 것이라며 나에게 위안을 주셨다.

담임 선생님과 면담을 마치고 나오면서 썩 믿음이 가는 말은 아니었지만 속는 셈치고 다시 갈 수밖에 없었다. 왜냐 하면 전학 온 지 얼마 안 되어 힘든 캠프에 살짝 빠졌다는 소리를 듣기 싫어서였다. 게다가 비싼 돈을 이미 지불했으니 그 돈이 아깝기도 했다.

아이들은 떠들며 소풍 가는 듯 신나는 표정이었지만 한번 경험한 나로서는 전혀 즐겁지 않았다. 앞으로 겪어야 할 지옥 체험에 대한 두려움과 공포 때문에 가는 동안 내내 짜증이 났다.

드디어 전에 왔었던 그 지옥 훈련장에 도착했다. 감회가 새로웠다. 훈련이 시작되자 아이들은 죽겠다고 아우성이었지만, 나는 한번 경험을 한지라 그다지 힘들지 않았다. 하지만 춥고, 청결하지 못하고, 찜찜한 기분은 똑같았다.

Ravenswood 캠프는 암벽타기, 카누, 줄타기, 산악 자전거 타기 등 하루 더 있어서인지 좀더 프로그램이 다양했다. 카누는 팔이 아파서 힘들었지만, 산악 자전거 타기와, 암벽타기는 정말 재미있었다.

아무튼 처음 갔었던 캠프는 오로지 무지하게 힘들었던 캠프로만 기억되었는데, 두 번째로 갔던 캠프는 같은 장소와 같은 프로그램이어서 그랬는지 좀 힘들긴 했어도 무척 유익하고 재미있었던 캠프로 기억된다. 역시 우리 나라 속담에 '매도 먼저 맞는 게 낫다.' 는 말이 있듯이 그런대로 두 번째 캠프는 견딜 만했다.

학교에 들어가서 우측을 보면 이렇답니다. 겨울이라서 잔디가 파랗지 않아요.

호주 학교는 급식을 하지 않는다

　학교에 매점은 있지만 급식은 하지 않는다. 돈은 무지하게 많이 받아가면서 왜 급식을 하지 않는지 모르겠다. 그래서 난 Meriden에 다닐 땐 매일 점심을 사 먹었다. 입학하고 초기엔 매점에 먹을 게 너무 많아서 뭘 먹어야 할지 모를 정도로 기뻤다. 그런데 조금 지나고 나니까 더 이상 점심을 사 먹고 싶지 않았다.

　난 빵을 좋아하지 않아서 주로 파스타 샐러드나 스파게티, 파이 등을 사 먹었다. 이런 음식들은 처음에는 맛있는데, 조금 지나면 금방 질렸다.

　호주 여자 애들은 정말 대식가이다. 도시락을 싸 온 애들은 점심을 먹고도 매점에 가서 또 사 먹고 그런다. 그래서 되도록이면 수업 끝나고 빨리 뛰어가서 줄을 서야 내가 원하는 음식을 사 먹을 수 있다. 늦게 가는 날은 남은 음식이 없어서 점심을 굶은 적도 있었다.

Ravenswood로 옮기고 난 후부터 나는 항상 한국식으로 도시락을 싸 가지고 다닌다. 그래서 수업이 끝나자마자 목숨 걸고 매점으로 뛰어가지 않아도 되어서 참 좋다. 그래도 난 여전히 학교에서 단체 급식을 했으면 좋겠다는 생각이 든다.

점심 시간만 되면 북적북적. 사람 많은 매점이에요!
이 날 Murfti Day여서 아무도 교복을 안 입었죠! 사복 입는 날 누가 교복을 입고 오겠어요.

 하나는 열네 살에 혼자서 유학을 떠났어요

너무 많고 짜증나는 학교 규율들

미국 영화를 보면 학생들이 화장도 하고 복장도 자유로운 것을 볼 수가 있다. 그래서 많은 우리 나라 학생들이 유학을 가면 미국처럼 자유로운 줄 알고 있다. 그러나 호주의 학교는 영국식 교육을 하고 있어서 한국보다 지켜야 할 규칙이 더 많다. 특히 공립학교와는 달리 사립학교는 규율이 참 많고 심하다. '꼭 저렇게까지 해야 할까?' 라는 생각이 들 정도로 규율이 참 많은데, 그 규율에 대해서 얘기해 볼까 한다.

내가 다니고 있는 학교는 '명문 여자 사립학교' 라는 좋은 이미지를 유지하기 위해 학교 밖에서는 항상 웃기게 생긴 버섯 모양의 모자를 쓰고 다녀야 하고, 신발 끈까지 신경을 써야 한다.

우선 머리는 항상 깔끔하게 검정색 끈이나 파란색 끈으로 묶고 다녀야 한다. 또 귀걸이, 팔찌, 목걸이, 머리 핀을 호함한 모든 액세서리는 허용되지 않는다. 화장도 안 되고, 손톱에 매니큐어를 칠해도 안 되며 항상 깔끔해야 한다. Top button은 항상 잠겨 있어야 하고, 심지어 학교 밖에선 옷 소매를 올리고 다녀서도, 학교 목도리를 하고 다녀서도 안 된다.

항상 이런 규율들을 잘 지키는지 12학년 언니들과 학교 선생님들께서 감시를 하고 다닌다. 그래서 이런 규칙을 어기고 다니다가 걸리면 경고를 받고, 경고 세 번을 받으면 학교 규칙에 따라 벌로서 Detention을 받게 된다.

나는 Meriden에 다닐 때 교장 선생님한테 점퍼 위에 Blazer를 안 입었다고 딱 한 번 걸린 적이 있다. 하지만 교장 선생님께서 다른 학생과 긴 대화를 나누고 계실 때여서 그 사이 잽싸게 상황을 수습했고, 아무 탈 없이 마무리 되었다. 그리고 지금 다니고 있는 학교에선 정말 운 나쁘게 모자를 안 쓰고 들고 다녔다고 경고 딱 한 번 받았다. 답답해서 쓰기 싫어하는 '버섯 모자'를 그 이후로는 억지로라도 항상 쓰고 다닌다.

아마도 학교의 유서 깊은 전통과 명예를 늘 생각하고 사려 깊게 행동하라는 깊은 뜻이 있는 것 같다.

유학생에게 필요한 호주에 대한 상식 몇 가지

호주인들은 Please, Sorry, Excuse-me**를 자주 사용한다**

호주인들은 대부분 예의범절이 일상 생활에 배어 있는 것 같다. 마음도 선하고 착한 편이다. 가족간의 유대를 좋아해서 어디 놀러 갈 때도 항상 같이 다니는 것이 부럽다.

호주 사람들이 일상 생활에서 가장 많이 쓰는 말은 Please, Sorry, Excuse-me 등이다. 일본 사람들도 친절하다고 늘었는데, 비슷한 수준인 것 같다.

사람들은 대화를 할 때에도 항상 'Please'를 붙여 가면서 말한다. 안 붙이면 버릇없다고 싫어한다. 음식을 주문하거나 기차표를 살 때도, 선생님께서 학생들에게 무엇을 시킬 때에도 'Please'를 사용한다. 호주에서 살다 보면 셀 수 없을 만큼 많이, 그리고 항상 사용해야 하는 말이다.

또 한 가지 'Please'와 함께 잘 사용하는 말이 'Sorry'와 'Excuse-me'이다. 호주 사람들은 지나가다가 사람과 살짝 부딪쳐도 'Sorry'라고 자연스럽게 말하며 지나친다. 우리나라에서 복잡한 지하철이나 명동에 나가면 수도 없이 어깨를 부딪치며 다녔던 나로서는 처음엔 적응이 안 되어 꿀먹은 벙어리가 되었었다. 3년 정도 호주에서 살다 보니 이젠 내 입에서도 'Please', 'Excuse-me', 'Sorry'라는 말이 술술 잘 나온다. 사람은 누구나 환경에 적응해 살게 마련인 것 같다.

특히 'Excuse-me'는 재채기를 하고 난 뒤에도, 앞에서 길을 막고 있는 사람을 지나쳐 갈 때도, 기차나 버스 안에서 빈 자리에 앉을 때도 사용한다. 'Excuse-me'는 정말 호주에서는 여러 가지로 쓰이는 말이다. 전체적으로 볼 때 호주 사람들은 매우 예의가 바른 것을 알 수 있다.

버스 기사 아저씨들도 참 친절하시다. 버스에서 내릴 땐 승객들 거의 98%가 'Thank-you' 또는 'Thank' 하면서 내리는데, 기사 아저씨는 내리는 승객들에게 한 사람도 빼놓지 않고 'Bye', 'Good-bye', 'See you', 'Have a nice day' 등 이런 인사들을 번갈아가면서 한다. 입이 아플 것 같다는 생각이 들 정도로 모든 승객들이 내릴 때마다 인사를 한다.

 하나는 열네 살에 혼자서 유학을 떠났어요

우리 나라에도 친절 버스 기사 아저씨가 있다고 해서 방송에 나오는 것을 본 적 있다. 누구나 친절하게 대해 주면 서로 기분이 좋아진다. 이런 점은 우리가 배워야 할 것 같다.

남에게 도움 받지도, 도움 주지도 않는 호주 아이들

난 호주에 오래 살지 않았고 또 한국 사람이니까 내 또래 호주 애들의 사고 방식이 정확히 어떤지는 잘 모른다. 호주 아이들에 대해 확실히 말할 수 있는 건 동양 애들은 다들 비슷비슷한데, 호주 애들의 사고 방식은 각각 좀 다른 것 같다.

동양인들은 누군가에게 도움을 받으려는 생각이 많은 반면, 호주 애들은 별로 남에게서 도움 받기를 원하지 않고, 또 그만큼 도움도 주지 않으려고 한다. 매사에 있어서 내 것, 네 것을 정확하게 가리는 것을 좋아한다.

예를 들자면, 한국 친구들이나 동양에서 온 친구들끼리는 먹을 것도 서로 사 주고, 생일날엔 자기가 친구들을 위해 우리가 흔히 쓰는 용어로 '한턱 쏘기'도 한다. 하지만 여기에서는 더치 페이 Dutch pay 를 중요시 여긴다. 각자 먹은 것은 알아서 계산하고, 생일날도 혼자서 쏘는 법은 없다.

돈도 잘 꿔 주지 않는데, 간혹 가다가 돈을 꿔 달라는 아이들은 몇명 봤다. 이런 아이들은 십중팔구 돈을 의도적으로 갚지 않는 아이들이다. 처음에는 적은 돈이라 잊어버렸나 생각했지만 70%는 돈 가져오는 걸 깜빡한 것처럼 가장하고 갚지 않는 상습범들이다. 처음엔 굉장히 당황스러웠지만 이젠 익숙해졌다. 그런 아이들에게는 절대로 돈을 빌려 주는 일이 없어야 한다.

한국 사람들은 대부분 마음이 여려 누가 부탁을 하면 잘 들어주는 편인데, 호주에서 이렇게 살다가는 파산하고 말 것이다. 절대로 도와주지도 그렇다고 도움을 받지도 않는 호주의 법칙대로 살아가야 편하다.

컴퓨터 게임을 잘 하지 않는 호주 아이들

호주는 5일제 수업을 하고 회사도 5일제 근무를 한다. 그래서 학생들은 토요일, 일요일엔 학교에 가지 않는다.

나는 처음엔 늦잠 자고 놀아서 좋았다. 시간이 지날수록 하는 게 없고 집에만 있으니까 심심했다. 집에만 있었던 이유는 같이 놀러 갈 사람도 없었고, 친구들도 다 멀리 살아서 친구 집에 놀러 가기도 어려웠다. 아는 곳도 없었을 뿐더러 혼자 돌아다니는 건 체질적으로 좋아하지 않는다. 다른 내 또래 한국 친구들은 일요일에 한인 교회나 성당에 나간다. 나도 몇 번 따라가 봤지만 종교에 익숙지 않아서 그런지 지루해서 종교를 갖지 않았다. 그래서 작년까지는 주말에 거의 밖에 나가지 않고 집에서 책을 보거나 숙제하고, 한국 비디오 보고 컴퓨터 하면서 시간을 보냈다.

올해 학교도 옮기고 하숙집도 옮긴 나는 답답한 주말 생활에 조금은 변화를 주었다. 친구들을 전보다 많이 사귀어서 자주 만나 City에 가서 사진도 찍고, 맛있는 거 사 먹고, 영화도 보고, 쇼핑도 하고, 가끔은 학교에서 Group work를 하기도 하는데, 시간이 부족해 일요일날 따로 한 집을 정해 그 곳에서 모임을 갖는다.

호주 친구들 집에 가 보면 정말 집에서는 심심하게 보내는 것 같다. 컴퓨터도 없는 집이 많고, 혹 있더라도 리포트 쓰거나 학습에 필요한 자료를 찾을 때를 빼고는 거의 사용하지 않는 것 같다. 우리 나라만큼 인터넷이 발달되지 않아서 그런지 컴퓨터를 이용해 게임도 잘 하지 않는 것을 볼 수 있다.

호주 아이들은 주말에 주로 가족과 소풍을 가거나 아니면 숙제를 하거나 텔레비전을 시청한다. 그리고 자주 가족과 함께 어울려 식사를 하면서 그냥 그렇게 지내는데, 바쁘지 않고 조용히 사는 모습이 매우 인상적이다.

아무튼 한국 친구들과 다른 점은 컴퓨터를 그다지 좋아하지 않고 가족과 친구들과의 만남을 더 좋아한다는 점이다.

열네 살 호주 아이들은 아르바이트를 한다

호주에서는 내 또래부터 용돈을 벌기 위해 Part time job이라고 해서 시간제로 일을 하는 친구들이 많다. 열네 살 여자 아이들은 주로 꽃집이나 작은 수퍼마켓, 작은 음식점 같은 곳에서 도우미 역할로 일을 해서 돈을 번다.

한국에서는 내 나이 또래 애들은 일을 시켜 주지도 않고, 또 법적으로 일을 못 시키는 것으로 알고 있다. 그런데 한 번도 본 적 없는 광경을 호주에서는 자주 보게 되니 다소 문화적 이질감에 혼란스러울 때도 있다.

나는 아직 해 보진 않았지만 언젠가는 해 볼 생각이다. 왜냐 하면 돈 버는 재미도 있을 것 같고, 사회 경험도 할 것 같아서이다.

이 곳 아이들은 용돈 벌어서 자기가 사고 싶은 것도 사고, 여러 종류의 스포츠도 배우러 다닌다. 우리 나라에서는 학생들이 스포츠에 열중하면 공부는 언제하냐고 야단을 맞을 것 같다.

호주 아이들은 취미 생활로 스포츠 댄스 학원에 다닌다

내 또래 호주 아이들은 다들 무언가 한 가지씩 취미 생활을 하고 있다. 운동, 음악, 춤 등등.

호주 애들은 우리 나라 청소년들처럼 공부하기 위해 입시 학원에 다니지 않는 대신 취미 생활을 하는 것이다.

운동을 하러 학원에 다니지는 않지만 학교에서 혹은 방과 후에 그룹을 만들어 집에서 취미 생활을 한다.

대체로 많은 호주 아이들은 춤을 배우러 다닌다. 우리 나라에서 청소년들이 춤 배우러 다닌다고 하면 부모님들은 깜짝 놀랄 것이다.

"젖냄새 풀풀 나는 것들이 뭔 춤바람이야?"

한국에서는 흔히 볼 수 없는 이런 모습이 호주에선 흔한 일이다. 체육 시간에 Jazz Dance를 배울 때 봤는데, 다들 한 춤 한다. 솔직히 좀 놀라서 나중에 친한 친구한테 물어봤더니 호주 애들은 춤 배우러 학원에 많이 다닌다고 했다. 그제서야 호주 애들이 왜 그렇게 춤 추는 것을 좋아하고 잘 췄는지 알 수 있었다.

나를 포함한 한국 학생들도 자기만의 취미 생활을 즐기면서 공부를 해야 좋을 것 같다. 물론 공부가 중요하지만, 그렇다고 너무 공부만 하는 건 스트레스만 받을 뿐 정신 건강에 좋지 않다.

나도 수영을 못해 애를 먹었는데, 요즘엔 제법 하는 편이다. 앞으로 새로운 취미를 가져 노력하며 도전해 볼 생각이다.

호주에서는 수영 못하면 절대 안 된다

호주 사람들은 운동을 좋아한다. 그래서인지 학교에서도 체육은 빼놓을 수 없는 필수 과목이다.

난 한국에 있을 때 운동을 싫어했고 정말 잘하지도 못했다. 학교에서 달리기를 해도 늘 꼴지를 했다. 마음은 잘하고 싶지만 몸이 내 맘대로 따라 주지 않았다. 한국 학교에서는 그다지 체육을 중요한 과목으로 치지 않아서 체육 못한다고 크게 문제될 건 없었다. 그래서 솔직히 열심히 하지 않았는지도 모른다.

4학년 처음 호주에 와서 살 때, 나는 깜짝 놀랐다. 호주 아이들은 다들 너무나 운동을 잘하고 좋아하는 것이었다. 반에서 운동을 좋아하지 않고 못하는 애는 나밖에 없었다. 아이들은 체육 시간을 가장 기다렸다.

여름에는 주로 학교에 있는 실내 수영장에서 수영을 하는데, 수영을 못하는 사람은 나 혼자뿐이었다. 호주 애들은 수영을 어찌나 잘하는지 정말 모두 수영 선수들 같아 기가 팍 죽었다. 수영하는 날엔 엄마에게 학교에 가기 싫다고 짜증을 내기도 했었다.

　한국에 다시 돌아왔다가 초등학교를 졸업하고 중 1때 다시 호주로 돌아가 랭귀지 스쿨에 다닐 때도 스포츠를 해서 난 정말 이해할 수가 없었다. 그 때까지만 해도 난 스포츠를 무척 싫어했다.

　랭귀지 스쿨을 졸업하고 Meriden에 들어가 보니 확실히 초등학교 때와는 달리 운동을 더 많이 했다. 체육 시간에 농구, 달리기, 럭비까지 했다. 아무튼 여기에 다 쓸 수 없을 만큼 다양한 종류의 스포츠를 하고 생전 처음 보는 운동도 했다.

학교 실내 수영장이에요.

그 때도 나는 반에서 제일 수영을 못했다. 선생님께서는 나만 따로 수영을 가르쳐 줄 정도였다. 어릴 때부터 수영을 한 아이들과 이제 막 시작하려는 나는 차이가 많이 났다. 수영은 역시 금방 배울 수 있는 스포츠가 아닌 것 같다. 외국에 유학 가려는 친구들은 미리 수영은 배워 두는 게 좋을 듯하다. 시간 절약과 스트레스를 받지 않기 위해서라도 말이다.

나는 수영만 빼고는 모두 열심히 해서 등급이 두 개나 올라갔다. 지금까지도 난 운동을 썩 좋아하는 편은 아니지만, 그래도 열심히 하고 있다.

아무튼 호주는 스포츠를 하나의 건강 관리 및 사교로 생각하고는 모든 사람들이 열심히 하는 것 같다.

호주에서 걸어다니는 것은 기본

나는 원래 건강 체질이어서 잘 아프지 않는다. 엄마 아빠도 없는 외국에서 아프면 안 되기에 난 특별히 건강에 신경을 많이 쓴다.

언젠가 한번 몸이 으슬으슬 떨리더니 결국 열이 많이 났다. 하숙집 주인은 집에 안 계시고 약은 어디 있는 줄도 몰랐다.

우리 나라는 국토가 좁아 아파트가 많고, 건물들도 다닥다닥 많이 붙어 있어서 집 밖으로 나서면 편의점에서부터 약국, 문방구, 비디오 가게 등이 가까이에 많이 있다. 그래서 생활하는 데 전혀 불편하지가 않다. 그런데 호주는 땅이 넓어서 아파트도 많지 않고 주로 개인 주택들이 드믄드믄 지어져 있다. 그래서 편의 시설이 집 근처에 없다. 그 곳에 가려면 많이 걸어가거나 자동차를 타고 가야 한다.

결국 혼자서 그냥 전기 장판 켜놓고 이불 뒤집어쓰고는 펑펑 울었던 기억이 난다. 아프니까 엄마 생각이 정말 많이 났다. 괜히 유학을 왔나 싶을 정도로 마음이 약해졌고, 슬펐다.

나는 건강을 지킬 수 있는 방법을 생각하다가 과격한 운동보다는 걷는 운동을 하기로 했다. 걸으면서 생각도 깊이 할 수 있고, 또 상쾌한 공기도 마실 수 있어서 택했다. 특별히 시간을 정해 놓고 하기보다는 학교에서 집까지 걸어서 약 20여 분 정도 설리는데, 등하교를 걸어서 다니기로 한 것이다.

솔직히 처음엔, 학교까지 걷기에는 좀 힘든 거리라고 생각했었다. 하지만 호주인들은 그 정도 거리면 정말 산보 정도로 생각한다.

계속 걸어서 등하교를 하다 보니 요즘엔 힘든 것도 모르겠다. 학교 가방이 무척 무거워 배낭처럼 메고 다니느라 다리가 점점 굵어지는 것 같아 약간 걱정이긴 하지만, 그래도 걷는 것은 좋은 것 같다.

간혹 스트레스를 많이 받거나 살이 좀 쪘다고 생각될 때면 나는 집 뒷마당에 나가서 줄넘기를 하고, 그냥 거리를 막 뛰어다닌다.

건강 유지를 위해 무엇보다도 중요한 건 군것질을 자주 하지 않는다는 것이다. 그리고 세 끼 거르지 않고 꼬박 챙겨 먹으며, 편식 안 하고 골고루 잘 먹어야 한다.

그리고 밤에 늦게 자면 그 다음 날 아침부터 하루 종일 피곤하고, 학교에서도 집중을 할 수 없기 때문에 난 항상 평일엔 일찍 자고 일찍 일어나는 습관을 길렀다. 물론 주말에는 실컷 자고 늦게 일어나는 여유도 부린다.

어쨌든 외국에 나가면 건강이 제일 중요하다. 건강을 해치면 공부도 못 하고 결국 귀국해야 한다. 건강을 지키려면 항상 잘 멀고, 잘 자고, 조금씩이라도 운동하는 게 좋은 것 같다. 그리고 호주는 스포츠의 천국이니만큼 이 곳에 있을 때 여러 가지 운동을 해 보는 게 요즘 나의 작은 목표이다.

호주는 자연과 집들이 아름답다

한국 사람들에게 '시드니'는 많이 알려진 도시이다. 호주의 시드니는 국제 도시여서 큰 쇼핑 센터도 여러 개 있고 재미있는 구경거리도 많다. 그래서 누구나 시드니를 호주의 수도로 알고 있다. 하지만 호주의 수도는 '캔버라'이다.

맨 처음 수도는 맬버른이었지만 시드니 주민과 수도를 놓고 싸우다가 여러 가지 사건 때문에 최종적으로 시드니와 맬버른 사이에 있는 캔버라를 수도로 결정했다고 한다.

그러나 세계 3대 미항에 속하는 시드니에 더 많은 사람들이 살고 관광객들이 몰려오기 때문에 '호주' 하면 '시드니'를 연상하게 된다. 미국의 수도 워싱턴보다 뉴욕이 더 많이 알려진 것과 마찬가지이다.

맬버른도 좋다는 이야기는 들었지만 아직 나는 어려서 그 곳까지 가 보진 못했다. 이제 호주에 대해 어느 정도 알았으니 자주 여행을 다닐 계획이다.

호수는 땅도 넓고 경치도 무척 아름다운 나라이다. 한국처럼 빌딩이 많지는 않지만 굉장히 예술적이고 너무 아름다운 집들이 많다.

호주는 한국과 달리 집 하나를 지어도 몇 년에 걸쳐 천천히 짓는다. 그런 집들은 튼튼해서 100년 이상 간다고 한다. 내가 지금 하숙하고 있는 집도 100년이 넘은 집인데, 아직까지도 튼튼하고 고풍스러운 것이 정말 멋지다. 또 모든 집들은 정원이 있어서 예쁜 꽃을 심어서 가꾸기도 하고 주말에는 정원에서 바비큐 파티도 한다. 사실 아주 아무튼 대부분 집들은 깔끔하고 사람이 살기에 편안한 구조로 되어 있다. 그래서 호주에 와 본 사람들은 지상낙원이 따로 없다고들 말한다.

호주 방송은 심심하다. 아빠의 입담이 수출된다면 크게 인기를 끌 것이다

난 호주에서 주말에 한국 비디오를 보는 것 외에 텔레비전을 거의 안 본다. 호주 텔레비전 프로그램은 정말 시시하고 재미가 없다. 내가 보기엔 다 그게 그거 같고 한국 프로그램들처럼 다양하고 재밌지가 않다. 뉴스, 퀴즈 프로그램, 몇 년씩 계속 하는 드라마, 집 꾸미고 수리하기, 정원 꾸미기 등등 이런 프로그램들이 대부분이다.

미국 방송 프로그램들도 가끔 틀어 주는데, 솔직히 별로인 것 같다. 우리 나라 방송이 제일 재미있다. 아빠가 개그맨이어서 가끔 호주 코미디 프로를 보는데 정말 시시하다.

호주 사람들은 괜히 웃기지도 않은 것 가지고 깔깔대고 웃고 그런다. 내가 호주 사람 정서를 몰라서 그런가 생각도 해 보지만, 여전히 텔레비전 프로는 재미가 없다. 참고로 영어에는 개그맨이라는 말이 없다.

　호주 코미디 프로를 보면 아빠 생각이 제일 많이 난다. 한국에서 무지 유명하고 인기 많은 분이신 우리 아빠가 만약에 호주에 진출하신다면 아마 이 곳에서도 최고의 코미디언이 되셨을 것 같다. 아빠의 입담만 호주에 수출된다면 호주 사람들은 분명히 모두 코미디 프로를 보면서 다 쓰러질 것이다.

　이담에 내가 공부 열심히 해서 유명해지면 아빠께 사업 제의를 해봐야겠다. 영어를 잘 해 국제적인 코미디언이 될 생각이 없으시냐고……. 그렇게 되면 내가 아빠의 매니저가 되는 건가!

　그만큼 영어는 어느 분야에서나 필요하다는 사실을 또 한 번 뼈저리게 느낀다.

호주 사람들은 느긋하다

　한국인들은 어딜 가나 바 쁘다. 집에서도 학교에서도 회사에서도 늘 '바빠'를 외치며 사는 것 같다. 그래서 성격 또한 굉장히 급해진 것 같다.

　우리 가족도 예외는 아니어서 성격이 무척 급하다. 뭐든지 빨리, 미리, 먼저 해 둬야 하는 급한 성격은 호주에서도 계속 되었다.

　식당에서 주문이 늦게 나온다고 짜증내고, 호주 사람들 행동이 느리다고 짜증낸다. 식사할 때 호주 사람들은 얘기하며 웃고 떠들면서 30분 이상 먹지만, 우리는 아무 말 없이 조용히 10분 안에 후딱 먹어 치우고는 나온다. 뭐든지 천천히 하는 법이 없는 우리 가족에겐, 그리고 한국 사람에겐 호주 사람들이 답답하게만 보일 뿐이다.

한국 사람들도 호주 사람들처럼 변했으면 좋겠는데, 아마도 사는 환경과 문화가 달라서 어쩔 수 없을 것 같다. 우리도 좀더 생활의 여유를 가지고 느긋한 행동을 했으면 좋겠다.

호주와 한국의 계절은 정반대이다

한국이 겨울이면 호주는 여름이다. 썸머 타임Summer time이 시작될 때부터가 여름이고, 그 때부터는 한국보다 두 시간이 빠르다. 그리고 Summer time이 끝날 때부터가 겨울이고 그 때부터는 한국보다 한 시간이 빠른데, 한 시간과 두 시간의 차이는 굉장하다.

두 시간 차이가 나면 한국에서 호주로 전화하기도 힘들고, 또 여러 가지로 불편하다. 하지만 한 시간 차이이면 통화하기도 편할 뿐더러 왠지 한 시간 더 잘 수 있는 것 같아서 좋다.

그리고 계절이 반대니 참 웃기기도 하고 신기하기도 하다. 호주에서는 너무 춥다며 집에서 점퍼를 입고 있는데 인터넷으로 한국에 사는 친구들의 사진을 보거나, 한국 비디오를 보면 전부 반팔, 반바지, 민소매를 입고 있어서 참 웃긴다.

비행기 타고 호주에서 한국으로 갈 때도 호주는 추워서 점퍼를 입고 가야 한다. 한번은 호주가 겨울일 때 한국에 가게 되었다. 그런데 인천 국제 공항에서 가족들이 내가 가져온 점퍼를 보고는 이렇게 두꺼운 걸 입고 왔냐며 웃었다. 한국이 겨울일 때 호주에 가도 마찬가지로 웃음이 나온다.

한국과 호주를 왔다 갔다 하다 보면 마치 새로운 세계를 넘나드는 것 같아 세상이 참 오묘하다는 생각이 든다.

호주는 먹을 게 별로 없다

호주 사람들이 먹는 거라곤 고기, 빵, 야채, 과일, 시리얼 등이다. 물론 다른 나라 음식들도 사다 먹고, 해 먹기는 하지만 내가 생각하기에 먹을 것과 맛있는 게 제일 많은 나라는 한국인 것 같다. '네가 한국 사람이니까 그렇지.' 하고 생각하는 사람도 있겠지만.

나는 아침에만 시리얼 아니면 빵을 먹는다. 점심과 저녁 때는 한식으로 먹는다. 난 빵보다도 밥이 더 좋아서, 도시락으로 밥을 싸 달라고 가디언에게 부탁했다. 그래서 매일 점심 때는 쌀밥 도시락을 먹는다.

저녁 때는 물론 다같이 국, 찌개, 반찬을 다 해놓고 함께 먹는다.

　호주에는 한국 음식점들이 많다. 가끔 그 곳에 가서 한국 음식을 사 먹기도 한다. 그 때마다 힘이 솟는 것 같다.

　호주에서도 이렇게 한국 음식을 먹고 살지만 역시 원조가 좋은 것 같다. 한국에 가면 길거리에 널려 있는 떡볶이, 김밥, 순대, 떡꼬치, 쫄면 등등. 그래서 음식 때문에 한국 사람은 결코 외국 생활에 동화되지 못한다는 말이 나온 것 같다. 그러나 호주에서는 그런대로 한국 음식을 먹을 수 있어서 좋다.

• 나는 매일 도시락을 싸 오는데 밥과 반찬, 음료수……. 이렇게 살고 있답니다.

유학 생활에서 살아남기

2년 정도 지나자 차츰 유학 생활이 적응되었다.
'악바리'로 통하며 난 살아남기 위해 노력했다.

유학 가서 1~2년 사이가 가장 힘들지만,
이 고비만 넘기면 희망이 보인다

유학 생활은 생각보다 참 힘들다. 재미도 있고 보다 넓은 세상을 배운다는 좋은 점도 있지만, 힘든 점이 더 많은 게 유학 생활이다. 다른 나라의 언어를 배우는 것도 힘든데, 가족들과 떨어져 머나 먼 호주 땅으로 가서 그 나라 사람들과 같이 어울려 생활한다는 건 말처럼 쉬운 일이 아니다. 지금 생각해 봐도 10년이 다 되도록 포기하지 않고 유학 생활을 하는 선배들을 보면 정말 존경스럽다.

처음엔 적응도 안 되고 뭐가 뭔지 하나도 모르는 상황의 연속이다. 한 1년 정도 지나면 점차 적응이 되고 말도 통한다. 그리고 2년 정도 되면 적응 잘 해서 학업 성적도 오른다.

귀에 조금씩밖에 안 들어 오던 영어도 거의 다 알아듣게 되고 외국 사람들이 말하는 걸 항상 듣다 보니까 발음도 조금씩 고쳐진다. 그리고 가족들 없이 혼자 알아서 하는 생활도 익숙해진다.

영원히 적응 못 하고 우울증에 걸려 살 것 같았던 내가 지금은 이렇게 적응해서 잘 살고 있는 걸 보면 내 스스로가 놀랍기도 하고 신기하기도 하다. 그리고 처음 호주에 와서 부모님께 전화해서 짜증내며 울던 일들이 부끄럽기도 하고 또 한편으로는 그립기도 하다.

하교길에 찍은 사진~!! 모자 쓰긴 싫지만 꼭 써야 해요… 흑.

혼자 유학 가는 것은 중학교 때가 좋다

호주에서도 초등학생들이 혼자 와서 유학하는 것을 많이 볼 수가 있다. 자기가 유학 가고 싶다고는 했겠지만 사실 끔찍하다. 그런 동생들을 보면 안쓰럽고 불쌍하기까지 하다. 유학을 가면 우선 자기 자신이 잘 챙겨야 하고 본인이 스스로 알아서 뭐든 해결해야 하는데, 어린 초등학생들이 과연 얼마나 잘 할 수 있을지 의문이다.

호주에서 유학하려면 반드시 가디언이 있어야 하기 때문에 부모님들께서는 다소 안심을 하기도 한다. 밥도 해 주시고 빨래도 해 주시지만 부모님처럼 자상하게 이것저것 챙겨 주지는 못한다. 특히 어린 나이에는 부모와 함께 많은 대화를 해야 하는데, 그것이 어렵다 보니 정서적으로도 불안한 것 같다.

유학 생활을 하려면 항상 방도 알아서 깨끗하게 치우고, 공부도 알아서 하고, 알아서 일찍 자고 일찍 일어나고, 시간표 챙기고, 돈도 알아서 관리하고, 필요한 게 있으면 웬만하면 부탁하지 않고 알아서 사야 하고……. 이렇게 모든 걸 알아서 해야 하는 게 유학 생활이다.

물론 개중에는 어린 초등학생들이지만 가디언의 도움을 받아 잘 적응해 유학 생활을 하는 의젓한 아이들도 있다. 처음엔 한국인 가디언 집에 있다가 영어를 더 배워야겠다고 생각해서는 알아서 하숙집까지 옮기는 아이들도 있다. 그런 아이들을 보면 정말 훗날 뭔가 대단한 일을 할 것 같은 좋은 느낌이 든다.

• 학교에서 Art-excursion을 갔을 때 Fish Market에서 친구가 찍어 준 사진이에요!

영어 못해도 당당하게 말하라

   은근히 인종 차별을 하고, 영어를 못한다고 무시하면서 안 그런 척 하는 호주 애들은 어느 학교에나 있기 마련이다.

   내가 다니고 있는 이 명문 학교에도 'Anti bullying policy' 라고 해서 따돌림은 없어져야 한다며 아주 열심히 캠페인을 벌일 정도다. 또 따돌림에 대해서 어떻게 생각하고 어떻게 대처해 나가는 것이 좋은지 생각을 묻는 설문지를 작성하기도 한다. 여러 가지 질문을 통해 학생들의 생각이 어떤지 학교 측에서 알아보고는 대처하려고 하는 교육 방침이다.

   대개 동양에서 온 학생들이 호주 아이들로부터 따돌림을 받는다. Meriden에 다닐 때에는 영어도 잘 못하고 그래서 우울증이 걸릴 정도로 심각했지만, 참고 다녔다. 그런데 Ravenswood는 이런 문제가 학생들 사이에서 있을 땐 피해자가 솔직하게 학교 측에 말해 주기를 원한다.

나도 좀 많이 울 정도로 심하게 자존심을 상했던 적이 있어서 학교 카운슬러에게 가서 상담을 했었다. 카운슬러의 도움을 받고 또 내가 영어를 잘해 대화로서 해결하여 그 문제는 깨끗이 정리되었다.

문제의 발단은 나랑 별로 친하지 않은 호주 애들 두 명과 같이 그룹 활동을 하게 되었던 일이다. 그 때 아이들은 나를 지적해 비아냥거렸다.

"하나는 너무 심각하게 생각하고 말하고, 조용하고……."

아이들은 무엇보다도 내가 영어를 자신들보다 잘 구사하지 못한다는 약점을 잡아서 놀리는 것이었다.

친한 친구들에게 이 사실을 이야기했더니 호주 애들의 따돌림을 이겨 내려면 당당하게 맞서라는 것이었다.

"말할 땐 호주 애들처럼 항상 자신 있게 큰 소리로 걔네들 분위기에 맞춰가면서 말해. 알았지? 네가 잘 몰라도 'Sorry… I don't know.' 이러지 말고, 'Well…생각 좀 하는 척하다가 I don't know~. hahahaha.' 그래야만 호주 애들이 널 무시하지 않고 함께 놀아 주고 행동한단 말이야."

나는 이해가 안 된다는 듯이 가만히 있었다. 그러자 친구들은 답답해하며 다시 한 번 해결 방법을 알려 주었다.

"너무 어렵게 생각하지 말고, 평소 네가 한국말 할 때처럼 행동해! 평소 최하나처럼 말이야! 너 평소에 잘 웃고 떠들고 하잖아! 그렇게 하란 말이야, 바보야! 이제 무슨 말인지 알겠어?"

영어를 잘 못해도 기죽지 말고 당당하게 자신을 표현하라는 주문이었다. 나에게 조언을 해 준 친구들은 다 한국 사람들이다. 이 친구들은 어렸을 적에 호주에 이민 와서 한국말보다는 영어를 더 잘하고 한국보다 호주에 대해 더 많이 알고 있는 친구들이어서 호주 애들에 대해 잘 알고 있었다.

With Charlottb
누군가에게 한국말을 배웠는지 절 볼 때마다
"잘 지냈어?", "배고파?"라고 묻는
재미있는 호주 친구예요.

유학은 경제적인 문제도 생각해야 한다

공부만 잘한다고 무조건 유학길에 나섰다가는 어려움에 닥쳐 중도에 포기하는 경우가 많다. 내가 다니는 학교는 여자 명문 사립학교다. 그래서 교복도 비싸고, 학비도 비싸고, 공부에 관한 모든 것들은 다 비싸다. 이렇게 비싼 학비를 내면서 공부를 하니까 공부를 열심히 하지 않을 수가 없다.

내가 투자한 만큼 난 시드니에서 많은 것을 배우고 익히고 해서 더 많은 것을 얻어 갈 것이다.

엄마, 아빠께서는 내 학비와 유학 뒷바라지를 위해 굉장히 고생을 많이 하신다. 우리 부모님은 정말 훌륭한 분들이다. 나에게 필요한 것과 내가 원하는 것은 뭐든 다 들어주신다. 유학도 내가 원해서 온 것이다. 만약 내가 가고 싶지 않다고 했다면 부모님께서도 안 보내셨을 것이다. 참고로 내 동생은 절대 유학 안 보내신단다. 왜냐 하면 공부보다는 노는 것을 더 좋아하기 때문이다.

세상은 넓고 할 일도 많다. 꼭 공부가 목적이 아니더라도 유학은 필요한 것 같다. 그러나 아직 우리 나라 현실에서는 경제적인 문제가 많아서 쉽게 결정할 일은 아닌 것 같다. 아직은 학생이니까 공부 열심히 하고, 나중에 내가 어른이 되면 부모님께 받은 만큼 다 해 드리고 싶다. 물론 나보다는 세상을 위해 살아가는 사람이 되고 싶다. 아마 부모님께서도 그런 것을 원할 것이다.

'내가 받은 만큼, 배운 만큼 다른 사람을 위해 베풀어라.'

무슨 성서 말씀 같지만, 부모님 마음이 그럴 것 같다.

하버브릿지 앞에서

유학을 가고 싶어 하는 또래 친구들에게
보내는 조언

유학은 겉모습만 보고 가면 실패, 악바리 정신으로 공부해야 한다

누구나 내가 혼자 호주에서 유학하고 있다고 하면 다들 '우와~, 유학? 넌 좋겠다.', '부러워.' 등등 그런 말들을 한다. 정말 한 번도 '힘들겠다.', '고생하네.' 하는 그런 말들을 들어본 적이 없다.

처음엔 그런 말 들으면 조용히 웃으며 그냥 넘어갔다. 그러나 계속 들으면 들을수록 '도대체 뭐가 좋아 보이냐?' 하고 묻고 싶을 때가 있다.

유학은 생각하기에 따라서 좋은 점도 있고 나쁜 점도 있다. 하나를 잃으면 하나를 얻는다는 말이 틀린 말은 아니다.

호주에서 유학하려면 영어를 완벽하게 해야만 한다. 그러기 위해서는 모자라는 영어 실력을 키우기 위해 한국에서와 마찬가지로 여기서도 학원을 다니며 죽을 힘을 다해 영어 공부에 매달려야만 살아남는다. 유학만 가면 모두 영어를 잘하는 줄 아는데 절대 그럴 수는 없다. 죽을 힘을 다해 영어 공부를 해야만 랭귀지 스쿨을 거쳐 시험을 치른 다음 학교에 입학할 수가 있다.

무엇보다도 혼자 유학 생활을 하게 되면 마음 고생이 제일 심하다. 모든 일을 알아서 척척 해야 하고, 힘들고 외로워도 참아가며 살아갈 자신이 있어야 한다. 그래서 처음엔 한국인 가정에서 하숙을 하는 것도 좋은 것 같다. 왜냐 하면 정서가 같기 때문에 저녁에 함께 모여 우리 말로 이야기를 나눌 수가 있기 때문이다.

영어를 빨리 터득하게 한다고 어린 아이들을 외국인 가정에 홈스테이를 하며 혼자 살게 하는 경우를 본 적 있다. 그 아이는 영어를 빨리 배울 수는 있을지 몰라도 심한 외로움 때문에 정서적으로 매우 좋지 않다는 생각이 들었다.

나도 처음엔 정말 외롭고 영어를 잘 못해서 왕따당하고, 마음을 나눌 친구도 없고 너무 힘들어서 심한 우울증에 시달려 하루도 거르지 않고 운 적이 있다.

유학은 돈만 있다고 다 할 수 있는 게 아니다. 혼자 유학을 하려고 하는 내 또래 유학 예비생들에게 꼭 하나 말하고 싶은 게 있다. 악바리 정신 없이는 유학 생활은 실패하고 만다는 사실이다. 외롭고 힘들다고 해서 중간에 한국으로 돌아가는 아이들을 볼 때마다 마음이 아프다. 중도에 한국에 돌아가려면 아예 오지 말라고 말하고 싶다. 차라리 그 돈으로 방학 때 어학 연수를 가라고 말하고 싶다. 끝까지 목표를 향해 유학 생활을 마칠 때까지 노력하고 최선을 다하는 사람만이 '성공'이라는 큰 선물을 받게 된다. 절대 잊지 말자!

한국 친구들은 학원을 너무 많이 다녀서 힘들다고 가끔 메일을 보낸다. 하지만 유학 생활도 자유로운 것만은 아니다. 유학도 어영부영 공부 하면 사람 꼴 우습게 된다. 죽을 힘 다해 공부하지 않을 것이면 절대 유학 오지 말라고 말하고 싶다. 국가적으로 돈 낭비, 개인적으로도 시간 낭비일 뿐이다.

한국에서 공부 안 한 학생은 유학 와서도 공부 못한다

많은 학생들이 영어 공부 하다가 짜증이 나면 '차라리 유학이나 갈까?' 하는 생각을 한 번쯤은 했을 것이다. 그건 착각이다. 외국에서 유학하면 저절로 영어가 느는 줄 아는데, 정말 천만의 말씀 만만의 콩떡이다.

세상에 공짜는 없다는 걸 엄마에게서 어렸을 적부터 수도 없이 많이 들어 왔다. 정말 맞는 말이다. 세상에 공짜는 하나도 없다. 뭐든지

자기가 노력한 만큼의 그 대가를 받게 되는 것이다. 영어도 그렇다. 꾸준히 포기하지 않고 계속 공부해야만 늘 수 있는 것이지, 외국에 나간다고 다 영어를 잘하는 건 아니다.

분명한 것은 한국에서 공부 열심히 하고 잘 했던 사람들은 외국에 나가서도 열심히 공부한다는 사실이다. 그런 반면에 공부하기 싫어 외국에 유학 온 학생들은 매일 놀러 다니고, 돈 쓰며 공부 안 하고 살아간다. 그래서 유학생들 문제에 대해 가끔 방송에 나오는 것을 볼 때마다 참 답답하고 한심하다는 생각이 든다. 유학을 외국 여행으로 생각하는 학생들은 정신 차리고 고국으로 돌아가야 한다.

유학생들은 솔직히 한국에 있는 우리 친구들에 비해 행운아들이다. 유학을 가고 싶어도 집안 경제 형편이 좋지 않아 포기하는 사람들도 많다. 그런 사람들을 생각해서 아무리 힘들어도 유학길에 오르면 방황하지 말고 자기에게 주어진 그런 좋은 기회를 살려서 열심히 공부한 뒤, 많은 걸 배우고 돌아가 자신의 발전은 물론 국가와 사회에 도움이 되는 사람들이 되었으면 좋겠다.

울지 마라! 외로움을 이겨야 성공한다

방학 때마다 한국에 돌아와 가족을 만나고 다시 호주로 돌아갈 때마다 나는 딱 한 번 빼놓고는 매번 공항에서 빠짐없이 울었다. 절대 울고 싶어서 울었던 게 아니다. 아빠와 항상 안 울겠다고 약속하고 절대 안 울겠다고 마음 단단히 먹고 가도 막상 공항에 도착하면 눈물이 앞을 가린다.

처음 나에게 한 달은 1년, 두 달은 2년과 같았다. 그만큼 호주에 있으면 심심했고 시간이 안 갔다. 방학 때 한국에서 가족들과 정신 없이 재미있게 지내다가 다시 호주에 가서 학교와 집만 왔다 갔다 하며 재미없고 외로운 생활을 해야 할 생각을 하니깐 그냥 눈물이 막 났다. 내가 울고 가면 엄마, 아빠도 집에 돌아오셔서 혹은 차 안에서 우신다고 이모가 메일을 보냈다.

아빠께서는 내가 공항에서 울었는지 안 울었는지 제일 먼저 물어보셨고, 내가 울었다는 말을 들으셨을 땐 너무 속상하셨다고 나에게 말씀하신다. 여태껏 울고 싶어서 운 건 아니었지만 그래도 눈물이 나는 건 어쩔 수 없다.

가족도, 유학 생활 하는 나도 모두 외로움을 극복해야만 유학 생활에 성공할 수 있다. 유학 생활은 참으로 온가족이 다 인내하며 살아야 한다는 사실을 알아야 한다.

영어권 나라에서 영어 못하면 바보 취급
– 아빠, 엄마가 영어 때문에 열 받은 사연

외국에서는 영어 못하면 아무리 똑똑한 사람이라도 조금 떨어진 사람으로 취급당하기 쉽다. 엄마, 아빠도 호주에 와서 잠시 계실 때 영어를 못해서 무시를 당해 대단히 열 받았던 일이 있었다.

어느 날, 우리는 페스트 푸드점에 가서 치킨을 사 먹었다. 정확히 기억은 안 나지만 아빠께서 종업원에게 콩글리쉬로 무엇을 바꿔 달라고 하자 아빠보다 한참 어려 보이는 그 나이 어린 종업원 여자가 음식을 탁자에 툭 던져서 아빠가 굉장히 열 받았었다.

또 한 번은 영어 때문에 엄마가 열을 받은 적이 있다.

어느 날, 집에서 전화를 받았는데, 상대방이 영어로 말해서 엄마는 공손하게 이렇게 말씀하셨다.

"Sorry, I can' t speak English."

그러자 전화를 건 사람이 '호주에 왔으면 영어를 해야지, 영어를 못하면 어떻게 하냐'는 식으로 예의 없이 말 해서 엄마가 굉장히 화가 났었다.

호주는 여러 인종이 살고 있다 보니 별의별 일들이 다 일어난다. 특히 영어를 못하면 일단 돈 벌러 호주에 온 가난한 이민자들로 보기 때문에 선입견을 갖고서 하대를 하는 것이다.

영어권 나라에서 공부하고 일하면서 살려면 반드시 영어를 잘해야만 성공할 수 있다. 그렇지 않고서는 절대로 성공하지 못한다는 사실을 기억해야 한다.

Ravenswood에 들어갔을 때, 부모님 면담이 있다고 해서 엄마와 아빠께서 호주에 오셨다. 그 때 선생님과 면담에 들어가신 아빠는 간단하게 만나서 반갑다는 인사 정도만 영어로 나누고는 어색한 표정을 지으며 가만히 앉아 계셨다. 그 다음부터 나는 선생님 말을 해석해서 아빠에게 전해 드렸다. 또 아빠의 대답을 영어로 선생님께 전달하는 과정을 거쳐야 하는 번거로움이 있었다.

면담을 무사히 마치고 끝날 무렵 아빠는 왠지 선생님께 미안한 생각이 들으셨던지 아니면 충청도 양반이라 체면 때문에 그러셨는지 갑자기 뜬금없이 이런 말씀을 하셨다.

"하나야, 아빠가 선생님께 면담하러 와서 영어로 한 마디도 못해 너무 미안하다고 말씀드려라."

나는 아빠의 말씀을 선생님께 영어로 전했다. 그러자 선생님께서는 오히려 아빠에게 미안하다고 전하라는 말씀을 하셨다.

"하나 아빠께서는 한국에서 굉장히 유명한 코미디언이라고 들었다. 내가 한국말을 배웠더라면 재미있는 많은 이야기를 나눌 수 있었을 텐데, 정말 아쉽구나. 내가 한국말을 못해서 아빠께 미안하다는 말씀을 드려다오."

나는 아빠께 선생님 말씀을 전해 드렸다.

선생님과 아빠는 아주 기분 좋은 표정으로 악수를 하고 자리에서 일어났다.

인터뷰가 끝나자마자 답답해서 안 되겠다며 한국 가서 기본적인 영어는 배워야겠다고 말씀하시던 부모님 생각이 난다.

솔직히 아빠, 엄마의 콩글리쉬 발음은 웃기지만, 그건 나이 때문에 어쩔 수 없는 것 같다. 그래도 나의 첫 영어 선생님은 아빠였다는 사실을 아시기 바란다.

"하나야, 세제 알지? 퍼펙트!"

아무도 따라올 수 없는 기막힌 토종 영어다. 하지만 외국에서는 절
대 통하지 않는다는 점 명심하시라!

가족의 헌신적인 사랑만이 유학 성공의 지름길

엄마, 아빠는 늘 나에게 관심을 갖고서 전화를 하신다. 그리고 편지도 자주 전해 주시는데, 그 때마다 흐트러진 마음을 다잡고는 공부에 열중한다. 가족의 지속적인 관심 없이는 절대 유학에 성공하기 어렵다는 점을 여기서 밝혀 두고자 한다.

엄마의 편지 한 편을 소개한다!

엄마가 하나에게—

엄마는 늘 널 생각한단다. 한국에서 문득문득 시계를 보고 생각하지. 아침 7시에는 학교에 가겠구나. 12시쯤이면 지금 하나는 점심을 먹겠구나. 오후가 되면 지금쯤 무거운 큰 가방을 메고 낑낑대며 걸어서 혼자 집으로 오겠라. 1월에 가서 보니깐 신발 밑창이 많이 닳았던레…, 새것으로 사 주고 오질 못해 영 마음에 걸린라. 교복도 새것으로 사라고 돈을 붙였는레 하나는 부모님 생각해서 헌 교복을 사다니…… 너무 놀랍라. 엄

엄마의 편지를 받으면 정말 가슴이 저려온다. 비록 몸은 서로 떨어져 있지만 혼자가 아니라는 생각이 든다.

엄마는 굉장히 알뜰하시다. 한국에서나 호주에서나 어딜 가나 무조건 깎아서 물건을 사셔서 창피하다고 같이 안 다닌 적도 많았다. 그래도 엄마는 쓰실 때는 멋지게 쓰신다. 내가 갖고 싶은 것, 먹고 싶은 게 있으면 돈 아끼지 않고 다 사 주신다. 엄마는 꼭 필요한 물건을 살 때도 다시 한 번 생각해 보고 사시고, 물건을 사실 때 이 집 저 집 가격을 다 알아보신 후 가장 싼 집에 가서 물건을 사신다. 엄마는 나에게 항상 말씀하신다.

"아낄 때와 아낄 줄 아는 사람만이 부자가 되는 거라고……."

나도 엄마의 말씀을 듣고, 엄마의 생활을 늘 보고 자라왔기 때문에 엄마 같은 스타일이 되어 버렸다.

알뜰한 엄마를 닮아 교복을 중고로 사 입다

우리 학교는 여름 교복은 전교생이 다 똑같지만, 겨울 교복은 7학년부터 9학년까지 같은것, 10학년부터 12학년까지 또 같은 것, 이렇게 입는다.

난 Ravenswood에 9학년 때 입학했는데 처음 교복을 살 때 여름 교복은 12학년 때까지 입을 것이니 새것으로 샀지만, 겨울 교복은 두 텀만 입고 내년이면 바꿔야 하기 때문에 중고로 샀다. 돈의 중요성을 안다면 솔직히 두 텀만 입고 안 입을 것을 새것으로 살 사람은 없다고 생각한다.

우리 학교 교복은 정말 비싸다. 조금만 입고 말 것을 새것으로 산다면 정말 낭비다. 호주에서는 다른 학교로 전학을 가거나 더 이상 교복을 입지 않는 학생들이 팔기 위해 내놓은 교복으로 중고 교복 시장이 형성되어 있다. 나도 이 학교에 전학 올 때 Meriden 학교 교복을 중고 시장에 내놓고 왔다. 팔리면 연락을 준다고 했는데 여태껏 연락이 없다. 좀더 싸게 내놓을 걸 그랬다는 생각이 든다.

교복이 중고라지만 거기 있는 옷들은 대부분 다 깨끗하다. 가격은 거의 절반 가격인데 생각보다 매우 비싸다.

내가 중고로 교복을 구입하고, 또 중고 옷가게에 내 교복을 내놓은 것은 모두 엄마의 절약 정신에서 비롯되었다고 생각한다.

엄마는 늘 내게 최선을 다하라는 말씀을 하신다. 시험을 보고 점수가 잘 안 나와 속상해하면 엄마는 내게 다가와 이렇게 말씀하셨다.

"하나야, 최선을 다했니?"

"응, 엄마."

"그럼 됐어. 다음부터는 더 잘 봐."

시험을 못봤어도 야단 한 번 친 적이 없으시다. 항상 자기 주어진 일에 최선을 다하면 된다고 하셨다. 결과도 중요하지만 엄마는 과정을 더 중요시 여기신다.

생각하고 노력했던 만큼 결과가 안 나왔다고 해도 실망하면 안 된다. 최선을 다하는 모습은 늘 아름다운 것 같다.

아빠와의 약속 다섯 가지

내가 호주로 유학 가던 날, 아빠께서 A4 용지에 직접 써 주신 약속이 있다. 난 이걸 구겨지지 않게 코팅까지 해서 호주로 가져갔고, 내 책상 앞 벽면에 붙여 놓고는 한시도 떼어 본 적이 없다.

1. 나는 밝은 미래를 위해 학업에 최선을 다한다.
2. 어른 말씀을 존중하는 예의 바른 사람이 된다.
3. 나쁜 유혹에 빠지지 않고 항상 바른 길을 걷는다.
4. 나는 부모님, 나를 아는 주위 분들에게 실망을 주지 않는 사람이 된다.
5. 나는 외로워도 슬퍼도 절대 울지 않는다.

가끔 내 방에 놀러 오는 친구들이 아빠와의 약속 가운데 다섯 번째 대목에 이르러서는 무슨 만화 영화 '캔디' 주제곡 같다며 웃는다. 또

한편으로는 어떻게 이렇게 중요한 말만 골라서 쓰셨냐며 놀라기도
한다.

솔직히 난 아빠와의 다섯 번째 약속은 많이 어겼다. 내가 힘들고
무언가 포기하고 싶을 때마다 이걸 보면서, 한국에서 나를 위해 열심
히 일하고 계시는 엄마, 아빠를 생각한다. 그리고 게으름 피우고 싶
거나 흐트러지려는 내 마음을 바로잡기도 한다.

시드니엔 한국 사람이 많아서 어딜 가나 한국 식품점이나 비디오
가게를 볼 수가 있다. 한국 식품점은 한국 잡화를 파는 곳이고, 한국
비디오 가게는 우리 나라 방송국에서 제작한 쇼, 드라마, 영화 등 한
국 방송 프로그램들을 비디오 테이프에 녹화시켜 교민들이나 유학
생들에게 대여해 주는 곳이다.

한국에서 방송되면 일 주일 뒤에 어기에서 빌려다가 볼 수 있다.
그래서 나도 아빠 나오는 프로그램은 꼭 빌려다가 보는데, 그렇게나
마 아빠 얼굴을 볼 수 있어서 참 좋다.

그리고 한 가지 아빠의 홈페이에 들어가 보면 국내 인기를 알 수
있는데, 방송에 많이 나올 때는 접속하는 팬들이 많아서 무척 기쁘
다. 그런데 점점 젊은층으로부터 접속 수가 줄어들어 속상하다.

요즘은 아빠가 방송 활동을 많이 하고 있어서인지 접속 수도 점점

늘고 있다. 그래서 호주에서 딸 최하나가 아빠 팬 관리하느라 바쁘기
도 하다. 그래도 너무 좋은 일 아닌가! 밤 새워 홈페이지를 관리 해
도 덩실덩실 춤추고 싶을 정도로 기쁘다.

아빠, 화이팅!

• 유학 가는 날 공항에 가기 전 집에서

도전하는 자가 아름답다!

아빠를 닮아서 나는 승부욕이 강하다. 우리 아빠는 지는 걸 싫어하시고 숫자 1을 좋아하신다. 1은 항상 최고를 나타내기 때문이다. 그래서 내 이름도 '하나' 로 지으셨다고 한다. 하지만 우리 엄마에게 '하나' 의 의미는 또 다르다.

어쨌든 이런 승부욕 강한 아빠를 닮아서인지 나 또한 자존심 강하고, 지고는 못 사는 성격에다가 하고 싶은 것도 참 많다. 물건 욕심, 먹는 욕심, 친구 욕심, 돈 욕심, 공부 욕심까지도 많다.

그래서 어릴 적부터 나는 다른 사람에게 내 물건을 주는 일이 없었고, 누가 먹을 것을 먹고 있으면 꼭 같이 먹거나 뺏어 먹었다. 또 친구를 많이 사귀려고 누구에게나 항상 친절하게 잘 해 주려고 노력하고, 돈 아깝다고 사고 싶은 거 있어도 잘 안 사고 그냥 가지고 있는 것을 더 좋아했다. 무엇보다도 나보다 멍청해 보이는 애가 시험 점수를 더 잘 받으면 자극 받아 죽어라 열심히 공부했고, 나중에 꼭 더 좋은 점수를 받아야만 직성이 풀리는, 좋게 말하면 적극적인 면이 있었다.

난 내 악바리 정신으로 호주에서 대학교까지 졸업하고, 앞으로 진로가 여러 번 바뀌겠지만 내가 정한 목표를 향해 계속 노력하려고 한다. 힘들다고 포기하면 최하나가 아니니까 꼭 그렇게 될 것이다.

'아! 저건 힘들겠다, 난 못 할 거야.'라고 자신 없이 한걸음 뒤로 물러서는 것보다 '힘들겠지만, 한번 해 봐야지!' 하며 자신 있게 한 걸음 앞으로 가는 것이 더 똑똑한 사람이다. 자신 없다며 뒤로만 계속 가는 사람은 멍청하다. 난 항상 할 수 있다며 자기 자신을 믿고 자신감 있게 한 걸음, 한 걸음 나아가야 한다. 아무리 겁이 나고 무서워도 일단 한번 부딪쳐 보는 거다. 도전해 보지도 않고 미리 겁을 내는 것은 실패한 인생이다.

도전하는 것 자체가 중요하고 의미 있다는 생각이 든다. 솔직히 유학도, 직장도, 사업도 모든 게 다 자기 마음먹기에 달려 있다는 생각이 든다.

성공은 가만히 있어도 저절로 만들어지는 것이 아니다. 힘든 고비

와 뼈를 깎는 아픔이 있어야만 성공한다. 따라서 기회가 왔을 때, 자
신감을 갖고 도전하자! 도전하는 자가 아름답다!

여자 사립학교끼리 Sports Carnival 때 찍은 사진이에요! 전 그냥 열심히 응원만 하다 왔어요.
HaHaHa. 그리고 장소는 올림픽 운동장이랍니다.

에필로그 — 나를 되돌아보게 되었어요

이 책을 내면서 참 많이 생각해 봤어요. 과연 내가 낸 책을 내 또래 친구들이 보고서 얼마나 도움이 될까 하고 말이에요. 그런데 출판사에서 글은 그냥 편하게 생각나는 대로 쓰는 게 가장 좋다고 해서 처음부터 끝까지 유학 생활에서 느낀 점들을 정리해 봤어요.

그러다 보니 제 주변에 이렇게 많은 고마운 분들이 있다는 걸 알게 되었지요. 이제 철이 드나봐요. 호호! 하긴 이제 제 나이 열여섯 살이에요. 생각해 보니 조금 있으면 스무 살, '어머머! 세상에' 시간이 이렇게 빨리 간다니까요.

제일 먼저 항상 뒷바라지를 하느라 고생이 많으신 우리 아빠, 늘 격려하며 따뜻한 시선으로 지켜봐 주시는 예쁜 우리 엄마, 나의 든든한 후원자이신 이모, 할머니, 아빠의 든든한 후원자 김동령 작가님, 호주에서 함께 유학 생활을 하며 도움을 주신 분들, 친구들……. 그리고 초등학교 때 선생님들, 특히 지금까지 연락하는 개구쟁이 서종면 아이들, 닭한마리 아저씨, 김 사장님, 구수한 아저씨, 호주에 계신 우리 가족, 신 사장님, 가짜 이모 모두 절 돌봐 주신 것 항상 감사합니다. 유학원 원장님, 고미향 아줌마 감사드리구요~. Deborah 선생님, 저 책 냈어요!! 히히. Sarah 선생님, 잘 가르쳐 주셔서 감사합니다. 저 열심히 할게요!

모두 정말 감사합니다. 아무리 힘들어도 지금까지 해 왔던 것보다 더더욱 열심히 공부하고 노력할게요. 지켜봐 주세요!

보호자 비자안내

자녀가 호주에서 유학하고 있는 경우, 많은 부모님들이 보호자 비자 (부모 중 한 사람만 가능)를 받기 위하여 문의하고 있습니다. 참고로 아래 서류를 지참하시어 호주 대사관에서 신청하시기 바랍니다.

■ 학생이 학생 비자를 이미 받고, 호주에서 수업을 시작한 후 부모님 중 한 분이 호주 대사관에 신청 가능. 단, 최장 11개월 (1월에 신청할 시 12월이 만기) 이고, 연장은 반드시 한국의 호주 대사관에서만 가능.

■ 보호자 비자는 가디언이 될 수 없습니다.

구비서류

1) 자녀의 재학 증명서
2) 자녀의 여권 및 비자면 사본(JP 공증)
3) 영문 예금 잔액 증명서
4) 신청인의 여권
5) 배우자 동의서 및 여권 사본
6) 호주에 체류할 RENT 계약서

부록 1
호주 유학에 대한 Question & Answers
Q&A

하나와의 짧은 인터뷰

하나가 방학을 맞이해 국내에 들어왔다. 메일로 원고를 받아보고 무척 궁금했었다. 어린 나이에 생각이 무척 사려 깊고, 목표 의식이 뚜렷한데, 이것은 바로 인내심과 가족을 아끼고 사랑하는 마음이 절절이 배어 있었기 때문이었다.

하나를 통해 몇 가지 유학에 대한 생각을 묻고 답을 들어 보았다. 독자들에게 도움이 될 것 같아서 싣는다.

Q - 왜 호주 시드니로 유학을 갔나요?

A - 호주로 유학을 간 첫째 이유는 내가 이미 한 번 가 봤던 나라이고, 그 곳에 아는 분이 계시기 때문이에요. 그리고 미국은 총기 사용 때문에 위험하고, 학생들도 너무 자유분방해 적응하기 어렵다는 생각이 들었지요. 또 개인적으로도 미국은 별로 가고 싶지 않은 나라구요. 캐나다도 생각해 보았는데, 너무 춥구요. 뉴질랜드는 이미 가 봤던 나라지만 그 곳은 너무 시골풍이어서 젊은 우리 같은 아이들은 별로 배울 게 없을 것 같더라고요. 그래서 결국 호주로 유학을 가기로 결정했답니다.

Q - 유학은 위험 요소가 따른다고 하는데, 호주는 어떤가요?

A - 제 생각엔 호주는 미국보다는 덜 위험한 나라인 것 같아요. 호주 사람들은 예의 바르고 남에게 피해 주는 걸 싫어하는 근성이 있어요. 물론 호주에 유학을 와서 마약을 한다거나 담배를 피운다든지 나쁜 길로 빠지는 한국 유학생들도 봤어요. 하지만 그건 유학이 나빠서 그 사람들이 그런 길로 간 건 절대 아니라고 생각해요. 올바른 길로 가고, 나쁜 길로 가는 건 자기 자신에게 달려 있다고 생각해요. 그러니깐 그건 그 사람들이 잘못 생각하고, 어리석은 거죠. 이 곳에서 올바르게 자기 할 일 열심히 하는 어린 한국 유학생들도 참 많아요. 우리 속담처럼 구더기 무서워서 장 못 담근다면, 처음부터 유학 가지 마세요.

Q - 또래 한국 아이들처럼 호주에서도 친구들하고 쇼핑하고 게임하고 그렇게 노나요?

A - 당연하죠! 여자들은 친구들끼리 만나서 쇼핑하는 거 굉장히 좋아해요. 비록 아이쇼핑이 많지만요. 그리고 우리 나라처럼 인터넷이 발달하지 않아서 그런지 대부분의 아이들이 게임은 많이 안 해요. 인터넷 자체를 공부나 숙제할 때 빼고는 쓰지 않는 것 같아요. 컴퓨터 없는 집도 많고요. 대신 메신저는 많이 해요. 인터넷을 해도 한국 친구들처럼 많이 하지는 않는다는 거죠.

Q – 호주에서 취미 생활은 어떤 식으로 하나요?

A – 호주 여자 애들은 주로 스포츠를 많이 하고, 쇼핑도 하고, 악기 같은 것도 배우고, 춤 배우러 학원에 다니기도 해요. 학업에 열중하기보다는 청소년 때에는 다양한 취미 생활을 중요시 여기는 것 같아요. 문화의 차이겠지요.

Q – 하나 양이 다니는 학교가 호주 시드니에서는 명문이라고 하는 데, 어떤가요?

A – 시드니에 유명한 명문 사립학교들이 꽤 있어요. 제가 다니고 있는 Ravenswood는 그 중 하나 구요. 9학년 중에서는 유학생이 저 하나뿐이에요. 그만큼 기본적인 실력이 따라주지 않으면 입학하기 어렵답니다. 학교의 역사는 100년이 조금 넘어요. 사립학교 가운데 시드니에서는 전통 있는 좋은 학교로 이름이 알려져 있어요.

Q – 명문 사립학교의 학비는 비싼가요?

A – 학교에 따라 많은 차이가 있어요. 명문 사립학교는 학비가 좀 비싼 편이에요. 그런데 우리 나라에서 학원 다니는 것과 별 차이 없다고 어른들이 말씀하시는 걸 들었어요. 잘은 모르겠어요. 학교마다 달라서요. 하지만 학교 환경이나 수업 환경이 무척 좋은 편이에요. 학교 내에 수영장과 잔디 운동장, 쉼터 등이 곳곳에 있어요.

호주는 영국 연방이어서 학교 제도를 그대로 본따온 것 같아요. 처녀티 나는 큰 애들이 모자 쓰고 스타킹 신고, 무거운 가방 메고, 교복 입고 다니는 것 보면 전통을 중요시 여기는 영국 문화를 많이 닮았지요. 명문 사립여자학교라는 자부심도 있고요.

 하나는 열네 살에 혼자서 유학을 떠났어요

Q - 호주 애들은 어떤가요?

A - 대체로 유럽이나 미국 아이들보다는 착하고 순진한 것 같아요. 하지만 영어를 잘 못하거나 수줍음 타는 아이들을 무시하는 친구들도 있어요. 그런 어려움을 극복해야만 유학에 성공할 수가 있어요. 우리 나라 학교도 왕따 문제 때문에 심각한 것으로 알고 있어요.

Q - 유학 생활 중 제일 힘든 게 뭐예요?

A - 사람에 따라 다르겠지만 저는 어린 나이에 유학을 갔기 때문에 부모님과 헤어져서 산다는 게 제일 어려웠어요. 너무 일찍 외로움을 알았고, 또 그래서 가족의 소중함도 일찍 깨닫게 되었지요. 그래서 방학이 가장 기다려져요. 한국에 오면 가족들을 만나고 친구들을 만나 수다 떠는 게 제일 좋아요. 이제 유학 생활도 어느 정도 익숙해졌고, 또 내 나이 열여섯 살이 되었어요. 그런데도 가족들이 보고 싶은 건 어쩔 수가 없어요. 생각해 보면 혼자 호주에 온 어른들도 많이 외로워하는데 어른도 아닌 제가 안 외로워한다면 이상한 거죠.

Q - 유학은 필요하다고 생각하세요?

A - 어떤 목적이 있어서 외국에 나가 공부해야 할 필요성을 느끼면 유학은 좋은 것 같아요. 가끔 방송에 나오는 것처럼 그렇게 유학 생활이 화려하거나 자유로운 것은 아니에요. 오히려 한국보다 더 공부를 열심히 해야 따라갈 수가 있어요. 특히 영어에서 실력이 달리기 때문에 죽어라 공부해야 해요.

Q - 한국 유학생들이 영어 때문에 과외나 학원에 다닌다면서요?

A - 실제로 학교에 시험을 쳐서 입학해야 하고, 또 교과 과목을 따라가기 위해서는 영어를 빨리 구

사할 수 있는 게 가장 좋죠. 그래서 좀 힘들더라도 더 영어를 공부하기 위해 처음 유학 온 학생들이 학원을 다니거나 과외를 받기도 하는 거예요. 전 나쁘다고 생각하지 않아요. 어차피 어릴 때 간 친구들은 영어 공부 하러 간 거니까요. 빨리 학교에 들어가면 좋겠지요. 유학 경비도 절약되고.

Q – 우리 나라 학교와 차이점이 있나요?

A – 학교 급식이 없어서 사 먹어야 해요. 그리고 학교마다 상담 선생님이 있습니다. 그 선생님과는 힘들고 어려운 문제들을 상담하게 되지요. 그리고 체육을 중요시해서 스포츠를 많이 해요. 아주 좋아들 하고요. 참, 정말 생각하기 싫은 극기 훈련이 학교마다 있어요. (1주일 동안 – 하나는 전학 가는 바람에 두 번이나 받았다.) 카누타기, 암벽 등산, 밥 안 주고 우유와 씨리얼로 버티기, 1주일 동안 목욕도 못 하고 산 속에서 지내게 하지요. 극기 훈련을 통해 정신력을 키우고 경험의 중요성을 일깨우는 것 같아요. 그리고 친구들하고 친하게 지내는 시간이 되고요. 또 한 가지, 호주는 학생 비자로 의료보험 혜택을 받을 수 있어서 병원에 가도 크게 돈이 들지 않아요. 하지만 나는 병원에 한 번도 안가 봐서 분위기를 잘 모르겠네요. 워낙 다리가 튼튼해서요. 호호!

최양락 팽현숙 부부의 스페셜 인터뷰

  사실 하나 양의 글을 읽으면서 팽현숙 · 최양락 씨가 바쁜 방송 활동 중에도 참 가정적이고 자식 사랑이 남다르다는 사실을 깨달았다. 오히려 두 분이 살아가는 생활 철학이 더 궁금할 정도로 하나를 통해 두 분에 대한 존경하는 마음과 믿음을 갖게 되었다.

  어린 하나를 어떤 마음으로 호주 유학을 보냈고, 또 유학을 보낸 지 3년이 된 지금, 어떤 마음인지 인터뷰를 해서 싣는다.

어렸을 때부터 영어에 재능이 있었나요?

처음엔 영어를 무척 싫어했는데, 호주에 다녀온 후부터 영어에 흥미를 가지면서 국내 영어 말하기 대회는 되도록 거의 다 참가했어요. 상도 많이 탔고요. 하나의 꿈이 영문과 교수 되는 것이었기 때문에 대중 앞에서 자신의 의사를 정확하게 말할 수 있는 발표력을 키우는 게 좋겠다고 생각해서 참가했어요. 특히 많은 대회 참가로 발음에 대한 걱정은 전혀 없어서 유학을 보내도 괜찮겠다 싶었습니다. 그런데 막상 가 보니 하나도 모르겠더래요.

유학 결정은 누가 했나요?

유학에 대한 생각은 하나 본인이 했고요, 우리는 하나가 유학을 가서 생활을 잘 할 수 있을지 곰곰이 생각해 보다가 허락을 해 주었지요. 그리고 유학 가서 생활할 수 있는 하숙집과 가디언, 즉 보호자를 어느 분으로 정할지, 여러 가지 정보를 수집하는 일을 했습니다. 나보다는 팽 여사의 강력한 드라이브 샷에 제가 고집을 꺾은 거예요.

어린 것을 홀로 보낸다는 결정을 하기가 쉽지 않았어요. 하지만 잠깐 마음이 아프다고 보내지 못한다면 나중에 후회가 클 것 같았어요. 보고 싶어도 참자 마음먹었죠. 쉽지 않았지만 그렇게 했어요. 그래서 훗날 하나가 훌륭하게 성장하여 자신의 꿈을 이룰 수만 있다면, 부모로서 할 일은 다 한 거다 생각하고 보냈어요.

어린 딸을 혼자 유학 보내기가 쉽지는 않았을 텐데요?

결정을 하고서도 잘 한 일인지 고민 많이 했지요. 친척이나 혈육이 전혀 없는 곳에 어린 딸을 홀로 보낸다는 것이 결코 쉬운 일이 아니었으니까요. 하지만 그래도 덜 불안했던 것은 호주에서 오랫동안 살고 계시는 분이 계셨기 때문입니다. 그분을 보호자로 정하고 그 집에서 살 수 있게 되어서 걱정이 덜 되었습니다. 마침 그분께서 딸 하나를 보고 아이가 워낙에 올바르게 자란 것 같다며 자신의 딸인 연형이가 하나의 행실이나 하구열을 보고 본받았으면 하는 기대 심리가 있어 흔쾌히 하나를 받아 주셨습니다. 호주에서는 어린 학생이 유학을 오면 반드시 현지 보호자가 있어야 유학이 허락됩니다.

아빠의 반대가 처음엔 컸다고요?

김치 냄새 풍기며 생김새대로 사는 게 제일 편하잖아요. 그래서 그냥 한국에서 가르치자는 생각을 했어요. 어린 것을 혼자 만리

타국에 떨어뜨려 놓는다는 게 쉽지 않잖아요? 하지만 우린 보내기로 결정했고 벌써 3년이 되가네요. 또 한 번 결정한 것에 대해서는 절대 후회하지 않거든요. 우리 둘 다 모두요.

처음 가서 적응이 안 되는 것 같아서 마음 아픈 건 이루 말로 다 할 수 없죠. 눈물 많이 흘렸어요.

요즘 방학이 되면 한국에 올 때마다 몰라보게 성장한 하나를 보면서 잘했구나 하는 생각이 들더라구요. 내 토종 영어 발음 듣고 웃는 거야 당연하지만, 대학원생 영어 발음을 듣고도 웃을 지경이니 원……. 공부는 하면 되는 건가 봐요.

국내에서 아무리 영어를 잘한다고 해도 현지인을 만나 말해 보면 대화가 잘 안 된대요. 어떤 목표가 있다면 유학도 괜찮은 것 같아요. 사정에 따라 다르겠지만.

옛날엔 하나 앉혀 놓고 ABCD 가르쳐 줬는데, 지금은 아빠 영어 발음을 교정해 주니 원, 하하! 그래도 '아빠가 내 첫 영어 선생님이야.' 할 때가 제일 기분 좋더라고요.

하나가 제일 보고 싶을 때는 언제예요?

부모 마음이 다 똑같을 거예요. 맛있는 음식을 해 먹거나 좋은

데 갔을 때, 옆에 하나가 있다면 얼마나 좋을까 하는 생각이 들지요. 하나 또래의 학생들이 재잘거리며 지나가는 모습을 보면 문득 생각도 나고요. 길 가다가 하나 또래 아이들을 보면 반가우면서 자꾸 눈물이 나요. 잘 지내는지, 아픈 곳은 없는지, 학교 친구들하고는 잘 지내는지, 보고 싶은 마음에 수화기를 들어 버튼을 누를 때가 많아요.

기러기 아빠는 되기 싫다고 했다면서요?

나는 스타일이 누가 챙겨 주지 않으면 아무것도 못 해요. 밥 먹는 거, 옷 입는 거는 말할 것도 없고 사소한 집안일도 안사람이 다 챙겨 줘야 해요. 웃기는 거 말고 다른 거는 거의 못 해요. 신경을 쓸 여유도 없고요. 하나가 유학 간다고 결정했을 때, 어린애를 그렇게 먼 데를 혼자 이렇게 보내냐면서 그럼 하나 엄마도 같이 가면 어떠냐는 주변분들 이야기도 있었지요. 하지만 전 절대 양보 못 해요. 제가 불편해서 살 수가 없어요. 아니 제 아내를 딸한테 빼앗긴다고 생각해 보세요. 딸은 좋겠지만 난 뭐냐구요. 기러기 아빠는 되기 싫더라구요. 결정적으로 난 하루라도 팽 여사가 제 옆에 없으면 살 수가 없어요. 그만큼 팽 여사는 저에겐 아주 절실한 존재지요. 욕심 많은 사람이라고 누가 흉을 봐도 할 수 없어요. 하!하!

유학 비용이 만만치 않을 텐데요?

글쎄요! 서울 외곽에 많이 살아봐서 잘은 모르겠지만 우리 나라 과외비나 유학비나 별 차이가 안 나는 것 같아요. 어떻게 생활하느냐에 따라서 오십보 백보라고 생각되네요. 학교에서 음악·미술·스포츠 모든 것이 다 이루어지니까 우리 나라처럼 따로 학원을 안 다녀도 되고요. 비싼 과외나 영어 학원 안 다녀도 되고요. 그리고 우리 하나가 정말 돈이라면 무서워서 벌벌 떨 정도로 절약하면서 살거든요. 아이가 원했고 또 학습 비용이 국내나 외국이나 별 차이가 안 난다면 훨씬 좋은 환경에서 공부하는 게 아이의 미래를 위해 좋다고 생각했어요. 더구나 애가 열심히 하겠다는데 밀어 주지 않을 부모 없죠. 힘들어도 부모로서 참고 희생해야죠.

하나가 힘들어할 때 포기하고 들어오라고 말하고 싶진 않았나요?

전혀 없을 순 없죠. 어린 애가 울먹이며 전화에다 대고 힘들다고 호소하는데 정말 당장 날아가서 데려오고 싶은 마음이 한두 번이 아니었어요. 마음도 아프고 보고 싶으니까. 하지만 부모가 끝까지 참아야 합니다. 그걸 참지 못해서 들어오게 하면 애 입장이 애매모호하게 되죠. 죽도 밥도 안 된다는 말이 바로 그런 것 같아요. 영어야 훨씬 잘할지 모르지만 다른 과목은 거의 못 따라간다고 봐야죠. 국내 아이들이 외국 아이들보다 훨씬 열심히 하잖아요. 수업 시간도 많고 학교나 학원에서도 살벌하게 가르치고……. 국내에서 애들 하는 것만큼 외국 유학 가서 하면 누구든지 잘 할 거라는 생각이 들어요. 무엇보다도 하나는 아직 어린 아이지만 책임감이 크고 인내심도 강한 애예요. 그런 애를 부모가 마음 아프고 안쓰럽다고 포기하게 만들면 얼치기 만드는 거죠. 애들 유학 보내려면 먼저 부모의 마음이 강해야 합니다.

학교에서 학부모 면담이 정기적으로 이루어진다면서요?

학부모 면담이 있다고 해서 학교에 가서 하나의 상담 선생님과 이야기를 나눴죠. 호주는 상담 선생님이 따로 분리되어 있다는 것도 처음 알았습니다. 난 담임 선생님인 줄 알았죠. '영어를 몰라서 미안합니다.' 라고 했더니 선생님은 하나 아빠께서 유명한 코미디언이라고 하는데 자신이 한국말을 배웠더라면 참 재미있는 이야기를 나눌 수 있었을 텐데, 몰라서 정말 미안하다고 하시더군요. 그 말을 들으니 왠지 명문 이름값을 하는 것 같아서 학교가 믿음이 가더라고요. 옆에서 하나가 영어로 우리 부부와 선생님의 대화를 통역다 해 줬어요. 정말 기분이 묘하더라고요. 통역해 주는 하나가 얼마나 대견스럽고 자랑스럽던지, 역시 유학 보내길 잘 했구나 하는 생각이 들었습니다. 하나가 없으면 우리 부부는 그냥 벙어리죠. 이런 경우 안 당하려면 부모도 어느 정도는 영어 공부를 해야겠다는 생각이 들더라고요. 하지만 토종 영어가 어디 가겠어요? 하하! 생긴 대로 살지요 뭐.

하나를 떠나 보낼 때마다 인천 공항이 눈물 바다를 이룬다면서요?

그걸 어떻게 말로 다 표현할 수 있겠습니까? 이산가족 경험해 보지 않으신 분들은 정말 모르실 거예요. 그래서 유학은 가정의 적극적인 관심과 아이, 그리고 부모의 노력 없이는 성공하기 어려운 것 같아요. 내가 시는 잘 짓지 못하지만 혼자 딸을 비행기 태워 보내면서 마음이 아파 긁적거린 게 있어요. 그걸 한번 보여 드릴게요. 딸 때문에 시인 다 되었다니까요. 하하!

이별의 인천 공항 – 최양락

오늘은 하나가 호주로 돌아가는 날

계절마다 있는 방학이 끝나가는 것이다.

아침부터 집안 분위기는 너무도 적막하다.

억지로라도 소리를 질러 보고 웃고 싶지만 전혀

그렇게 되질 않는다.

공항.

하나의 작은 손에는 호주행 티켓이 들려 있다.

아빠 엄마는 차마 딸 하나의 눈을 바라보지 못한다.

짧은 방학 기간 동안 좀더 잘해 줄 걸, 좀더 맛있는 거 해 줄 걸,

이별의 아픔을 참으려는 하나의 대견스런 모습

그런 모습에서 부모는 더 아픔을 느낀다.

참으려는 하나의 눈에 눈물 방울이 '뚝' 하고 떨어진다.

동시에 쏟아지는 아빠, 엄마의 눈물

아빠는 애써 입술을 깨물며 고개를 돌리고

엄마는 하나를 감싸안으며

건강을 당부한다.

하나에게 잘 가라는 손짓을 하고 공항 밖으로 도망치듯 나와

문틈으로 하나가 출구로 향하는 모습을 본다.

가슴이 저려오고

쏟아지는 눈물

사랑하는 애인과의 헤어짐도 이만큼 슬프지는 않으리라.

그리 오랜 헤어짐도 아니건만 왜 이리도 가슴이 쓰린지

당장이라도 달려가 나가는 딸을 붙잡아 데려오고 싶다.

그러나 그건 하나를 위한 길이 결코 아니기에 무너지는 가슴을

추스려 공항을 빠져 나온다.

돌아오는 승용차 안에서 저 멀리 하늘에 보이는 비행기의 모습

간신히 추스린 가슴이 또 한번 저려 온다.

휴우~~~, 잘 가라 하나야!

부록 2

조기유학, 성공하려면 이렇게 준비하세요

조기유학은 어떻게 준비하느냐에 따라 성패를 좌우한다.

I 준비를 잘 하고 독한 마음만 먹는다면
조기 유학은 이미 절반 이상 성공

'조기유학'은 이제 우리에게 너무 친근한 말이 되어 있다. 어느 설문 조사에 의하면 초중고생들의 75%가 유학을 희망하고 있다고 한다. 이것이 오늘의 현실이다. 이제 조기유학은 일부 문제가 있던 부유층 자녀들의 전유물에서 생활이나 성적에 아무 문제가 없는 우수한 학생들이 자신의 미래를 보장 받기 위해 선택하는 진로의 길로 변하고 있다. 현재 우리 조기 유학생 수는 약 2만에서 3만 정도로 추정하고 있다. 나라별로는 미국, 캐나다, 영국, 호주, 뉴질랜드 등 주로 영어권 국가에 집중되어 있다고 볼 수 있다.

 **조기 유학, 10년을 내다보고 계획해야 한다**

오늘날 조기 유학 붐을 타고 외국으로 공부하러 가는 것은 이제 그리 어려운 일도 아니다. 조금만 관심을 가지고 둘러보면 다양한 형태의 유학 방법이 있고 여러 종류의 나라와 학교가 있다는 것을 알게 된다. 그리고 조기 유학을 선택하는 사람들의 절대적인 이유는 '한국의 교육보다 낫다' 라는 생각이 있기 때문이다.

하지만, 조기 유학은 일반 유학보다 10배 100배 철저하게 생각하고 준비하고 꼼꼼히 따져봐야 한다. 외국으로 공부를 하러 가는 것은 서울에서 제주도로 전학 가는 것도 아니고 단순히 몇 달 연수를 가는 것도 아니다. 중학생의 경우 태어나서 지금까지의 생활 습관을 버리고 또는 초등학교서부터 중학교까지의 학습 습관을 버리고 새로운 환경, 새로운 언어, 즉 새로운 도전 속으로 떠나는 것이다. 그 도전 속에는 어떤 것이 있는지, 무엇이 나를 기다리고 있는지 아무도 모른다. 자신이 원해서 가는 유학생은 그래도 좀 나은 편이라고 본다. 하지만, 부모가 원해 떠밀리듯이 가는 유학생들은 다시 한 번 깊이 생각을 해 봐야 할 필요가 있다.

 유학 생활 대부분이 나 홀로 생활일 경우가 많다

한국에서 부모와 형제 그리고 또래 친구들과 서로 어울려 유대감 속에서 생활했지만 유학 생활은 하나부터 열까지 스스로 생각하고 결정하는 등 직접 몸을 움직여 해결해야 한다. 물론, 학교 선생님이나 홈스테이 가족들 또는 새로운 친구들의 도움을 받기도 하지만 한국에서의 다정다감한 그런 유대감과는 또 다른 차이가 있다는 것을 확실히 느낄 것이다. 유학 생활은 마라톤이 아니고 철인 10종 경기와 같은 것이다. 흔히 인생을 마라톤 경기에 빗대어 말들 한다. 그렇다면 유학을 선택한 학생의 인생은 철인 경기에 출전하는 선수와 같다고 말할 수 있다. 마라톤은 단순히 제 페이스에 맞춰서 뛰기만 하면 되지만 철인 경기는 어떠한가? 강인한 체력과 정신력을 바탕으로 여러 종류의 종목을 잘 연마해서 하나씩 풀어나가는 경기이다. 조기 유학은 최소 10년을 내다보고 해야 하는 게임인 것이다. 유학을 가려는 학생의 체력과 정신력 그리고 그 뒤에서 무사히 경기를 할 수 있도록 지원을 해 줘야 할 부모들의 제정 문제와 생활 능력 등 여러 부분을 꼼꼼히 따지고 따져서 준비해야 한다.

예전에는 돈 없이 배고픔을 이겨 가면서 공부를 한 사람들 중에 훌륭한 위인도 많이 나왔다. 지금 여러 분야에서 최고의 위치에 있는 사람들을 보면 이러한 학창 시절을 이겨 내고 현재 자리에 올라온 대단한 사람들을 많이 볼 수가 있다. 그러나 현재는 다르다.

오늘날 자녀의 유학을 생각하고 있는 부모라면 제일 알고 싶은 부분이 '유학 비용'일 것이다. 솔직히 아이의 능력은 어느 정도 가능성이 있지만 비용면에서 너무 모자라거나 꿈도 꾸지 못하는 가정에서는 눈물을 머금고 유학을 포기시키거나 고등 교육을 마친 후에 다시 생각해 보기로 유보해 두는 가정이 많다. 하지만, 요즘은 사교육비로 엄청난 비용이 나가기 때문에 유학 비용은 한국의 사교육비에 조금만 더 보태면 충당이 된다는 부모도 많이 만나 볼 수가 있다.

유학 비용은 학비와 생활비로 크게 구분된다.

유학 생활 중에서 가장 많은 비중을 차지하는 것이 학비라고 본다. 학비는 조기 유학의 경우 사립학교로 진학을 해야 한다면 많은 비용이 든다. 학비는 연간 약 $9,000~15,000 정도로 예상하면 된다. 그리고 기숙사의 경우 연간 약 $7,000~14,000 정도 예상하면 된다. 여기에 학생의 용돈이나 기타 부대 비용이 포함되며 호주의 경우에는 교복을 착용하므로 추가로 $400~$500 정도가 더 든다.

교육 비용

	공 립 학 교	사 립 학 교
초등학교(1~6/7학년)	A$5,000~7,000	A$7,000~8,000
중학교(7/8~10학년)	A$7,000~8,500	A$9,000~13,500
고등학교(11~12학년)	A$8,000~9,000	A$12,000~14,000

생활비의 경우 학생 혼자서 홈스테이를 할 경우 대부분 홈스테이에서 숙식을 해결하므로 그리 많은 돈은 들지 않는다. 학생의 용돈으로 약 A$55 ~80정도 예상하면 된다.

2 조기 유학, 언제 떠나는 것이 좋은가

유학의 가장 좋은 시기는 정확히 말할 수가 없다.

일부 여론에 의하면 일찍 떠나는 것이 언어적인 면이나 정서적인 면으로 봤을 때 좋다고는 하지만, 무조건 좋은 것만은 아니라고 본다.

조기 유학의 시장이 과도기에 이르자 교육부에서는 앞으로 중학교 졸업자 이상으로 조기 유학을 한정 지을 수도 있다는 이야기도 한다. 조기 유학은 인생의 시기적으로도 아주 중요한 요소가 많이 있다.

인생에서 가장 예민한 시기인 청소년기에 새로운 환경으로 떠난다는 것은 무척 힘든 모험이라고 본다. 그가 새로운 환경에 적응을 잘 한다면이야 괜찮겠지만, 만에 하나 자신의 정체성을 찾지 못하거나 새로운 곳에 적응을 하지 못한다면 인생의 첫 도전에 많은 어려움을 겪게 될 것이다. 하지만 다른 면으로 생각해 보면 새로운 환경이나 언어에 접할 수 있는 가장 왕성한 시기가 청소년기이다. 언어학자들 사이에서는 12세에서 15세까지가 새로운 언어를 습득하는데 가장 적절한 나이라고 했다.

어려서 유학을 보낸 후 부모들은 더 많은 관심과 사랑을 자녀에게 주어야 하고 자녀들이 정체성을 잃지 않도록 품안에 있을 때보다 더 많은 교육을 시켜야 한다.

초등학교를 마치고 바로 조기 유학을 간 아이가 10여 년간의 외국 교육을 성공적으로 마쳤다면 그는 이제 한국인이 아니다. 겉모습만 동양인인 외국인이 되어 있는 경우가 많다. 언어도 문화도 그 속에서는 한국에 대한 그 어느 것도 찾을 수가 없다. 이것은 극도의 예로 들어 본 것이지만 현재 조기 유학생들 중에는 많은 학생들이 이렇게 변해 가고 있다. 만일 아이의 교육적 가치만 따진다면 일찌감치 보내는 것이 좋다. 어릴수록 적응도 빠르고 현지인과 다름없는 언어 습득 등 많은 이로운 점이 있다. 하지만 전체적으로 아이와 국가와 가족을 생각해 보면 정말로 중요한 것은 다른 방향에 있다고 본다.

따라서 유학을 떠나는 가장 적절한 시기는 사람마다 다르다.

단, 나이가 어리건 많건 간에 유학에 대한 목적 의식이 뚜렷하고 자신이 미래에 대한 확실한 신념과 계획만 있다면 그 때가 가장 적절한 시기라고 본다.

☀ 철저히 준비한 후 유학을 떠나자

유학 준비는 끝이 없다

기본적으로 학교에 대한 사전 조사와 입학 허가서 발급, 비자 발급 완료, 숙소 문제 해결, 현지 학습 방법에 대한 준비, 학교 주변 및 숙소 주변의 지리적 환경 조사 등등 기초적인 단순한 문제에서 미래에 일어날 일에 대비한 계획성 있는 준비까지 많은 것들을 유학 떠나기 전에 준비한다는 것은 해도 해도 불안하고 마음이 편하지 않다. 생각해 보면 같은 동네에서 동네로 이사를 하거나 전학을 간다 해도 많은 준비와 문제 해결 방안이 필요한데, 바다 건너 타국으로 유학을 떠나는데 더하면 더했지 덜 하지는 않을 것이다. 하지만 하나하나 차분히 준비해서 떠난다면 그만큼 계획성 있고 알찬 유학 생활의 시작으로서 남보다 성공의 길에 접근이 용이한 상태에서 시작하는 것이라고 본다. 유학을 떠나기 전에 준비는 철저히 하는 것이 준비 없이 그냥 떠나는 것보다는 백 번 낫다.

그럼, 유학 준비는 어떻게 해야 할까?

기본적인 유학 준비에는 위에서 말한 것처럼 학교에 대한 준비가 당연히 마무리가 되어야 하고 그 외에 실전 유학 체험을 위해 필요한 준비를 해야 한다.

유학 준비에는 물질적인 준비와 정신적인 준비가 필수적으로 필요하다고 본다.

물질적인 준비는 간단히 말하자면 자금적인 준비라고 볼 수 있다. 그리고 유학을 가기 위해 필요한 물품 등을 구비하는 준비 작업을 말한다. 요즘 전세계의 대도시에는 한국상품이 어느 정도 많이 들어와 있으므로 이것저것 많이 싸

들고 가지 않아도 된다. 간단히 자신에게 필요한 필수 용품과 계절에 따른 의복, 학업에 도움 되는 용품 등 간단하게 분류하여 준비하는 것이 좋다. 이렇게 물질적인 준비는 유학을 준비하는 과정에서 하나씩 갖춰 가면 되는 것이지만, 유학 준비 중에 가장 중요한 것이 정신적인 준비라고 본다.

정신적인 준비는 유학을 계획하고 학교를 알아보는 초기적인 단계에서부터 계속적으로 진행이 되면서 유학을 떠나는 그 시간까지 또는 유학을 하고 있는 그 시간 동안에도 계속 진행이 된다. 유학은 절대로 자금적인 풍요 속에서만 이루어지는 것이 아니다. 자신이 유학을 가서 어떻게 공부를 하고 어떤 전공을 선택하며, 나아가서 어떤 사람이 되겠다는 미래 지향적인 비전을 정신적으로 제시하고 그러기 위해서는 지금부터 어떻게 자신이 준비해야 하는가에 대한 준비와 투철한 개념이 확실해야 한다.

그 외에도 많은 준비가 필요하다. 영어에 대한 기본적인 이해, 국가와 문화에 대한 기본적인 이해, 학교 수업 방침과 진행에 대한 기본적인 이해 등등 많은 준비를 해야 한다.

이러한 준비 과정 속에서 가장 무서운 적이 있다면, 어설픈 준비로 안 한만 못한 준비이다. 너무 자만하여 대충대충 준비한다거나 엉뚱한 지식과 정보를 얻어 준비를 한다면 유학 생활에 많은 어려움이 따를 것이다. 옛말에 '돌다리고 두드리고 건너라'고 했듯이 유학 전 철저한 준비는 성공적인 유학과 비례한다는 것을 잊지 말아야 한다.

 ## 조기 유학을 가는 목표가 뚜렷한가 다시 한 번 생각하자

이렇게 조기 유학을 생각하고 비용과 시기적인 면들을 체크해 보고, 또 준비 과정을 꼼꼼히 살펴보았지만 그래도 다시 한 번 더 생각해 봐야 하는 것이 있다. 그것은 계속적으로 강조한 말이지만 마지막으로 한 번 더 강조한다면 '유학을 가려는 당사자의 확고한 의지와 뚜렷한 목표' 이다.

'뜻이 있는 데 길이 있다.' 고 뜻한 목표가 확고하면 여러 면에서 조금씩 모자라도 항상 길은 열리기 마련이다. 앞에서 잠깐 말했지만 예전 일부 부유층 자녀들의 속칭 말하는 '도피성 유학' 을 보면 그 자녀들의 유학 생활은 성공했는지 그들의 뒤를 한번 밟아 보고 싶다. 돈이 많아 사는 데 아무 어려움이 없는 부유층 귀공자나 한국에서 전교 1, 2등을 다투는 수재라도 외국에 나가 환경이 다른 곳에서 공부를 할 경우, 실패하고 돌아오는 경우를 종종 볼 수가 있다. 이 학생들이 왜 우리 나라보다 교육 환경도 좋고 우수한 집단에서 이렇게 평범하게 돌아오는 걸까? 이론적으로는 돈이 많으니까 열심히 공부만 할 수 있고, 수재이니까 좋은 환경에서 우수한 교육을 잘 따라갈 수 있으리라고 본다. 하지만 이들이 아무것도 얻은 것 없이 돌아오는 이유는 무엇일까? 제일 중요한 것은 목표 의식을 가지고 있지 않거나 외국 문화에 젖어 잊어버렸기 때문이다.

그만큼, '목표' 라는 것은 유학 생활에 있어서 가장 중요한 것이다.

조기 유학의 경우, 아이에게 이러한 목표를 갖게 하는 것은 더 없이 중요하다.

한 2~3년 외국 생활 하다가 아이가 영어를 좀 잘하면 한국으로 데리고 와서 고등학교를 좋은 데 보낸다거나 한국에서 좋은 대학을 가기 위한 방편으로 조기 유학을 생각하는 부모들이라면 그 아이의 목표는 없다고 봐야 한다. 이런

것은 목표가 될 수도 없을 뿐더러 아이들을 그냥 부모의 성취 목표 도구로 생
각하고 있는 것이라고 본다.

유학생의 목표는 가지각색이다. 정말 거창하고 위대한 꿈을 목표로 하는 학
생이 있는가 하면, 반면에 작지만 알차고 아기자기한 자신만의 세계를 구축할
목표로 하는 학생이 있다. 이들 모두 이러한 목표가 있기에 힘들고 험난한 유
학 생활을 해 나가고 버티는 것이다.

또 한 가지, 아직 정신적으로 성숙하지 않은 조기 유학생들의 목표 구축은
결코 혼자서 될 수 없는 문제이다. 그들이 정상적인 가치관과 올바른 인생의
목표를 구축하는 데에는 절대적으로 부모님의 깊은 관심과 사랑이 동반되어
야 한다.

자녀의 유학 문제로 고민하는 부모님들은 자신의 욕심 또는 주위의 시선을
의식하기보다는 냉철하고 객관적인 마음으로 자녀들을 바라보고, 자녀들이
원하는 것이 무엇이며, 그들이 어떤 교육을 받고 싶어하는지 파악해야 한다.
그리고 대화를 많이 하여 서로를 이해하면서 자녀들의 목표 구축에 도움을 주
고 유학에 대해 꼼꼼히 살펴야 할 것이다.

 유학 결정, 어떻게 하면 가장 좋은가?

현지를 방문해 단기 연수를 받아 본다

한국에서 학생 비자를 받은 후 연수를 떠나는 경우에 비해 현지를 방문해 어
학 연수를 하는 경우의 가장 큰 장점은, 학생의 조건에 맞는 학교를 선택할 수
있다는 점이다. 학교 시설, 규모, 주변 환경, 교통, 선생님을 포함한 학교 스텝

의 분위기, 나라별 각 학생들의 비율 등을 고려해 본인에게 가장 적합한 학교를 선택할 수 있다. 3개월 이하의 연수인 경우 학생 비자 신청, 신체검사, 비자 발급 소요 기간 등의 불필요한 기간이 절약된다. 장기 유학에 따른 각종 리스크를 줄일 수 있으며 짧게나마 본인에게 해외 유학 생활이 맞는지 그렇지 않은지에 대한 판가름도 내릴 수 있다. 몇 가지 눈에 쏙쏙 들어오는 장점들에 비해 단기 연수에는 부담스러운 비행기 왕복 요금, 학교 등록비, 장기 연수 등록자에 제공되는 학비 할인 혜택이 전혀 없다. 경제적인 면과 체계성이 요구되는 마라톤과도 같은 언어 공부를 맛배기만 하고 돌아가는 비효율성이 단점으로 지적되고 있다. 단기 과정은 본인의 유학 생활 적응도를 테스트하는 데 목적과 효과가 있는 것이지 본인의 영어 실력 향상과 같은 학습의 효과를 기대해서는 안 된다.

친척이나 친구들의 도움을 받는다

어린 자녀의 미래가 달려 있는 중요한 결정이니 만큼 친척이나 친구 등 모든 라인을 통해서라도 더 많은 정보를 공유해야 한다. 특히 현지에 살고 있는 친척이나 친구의 경우, 가장 발빠른 정보를 주관적인 입장에서 전달해 줄 수 있기 때문에 객관적인, 사실적인 정보만을 전달해 주는 타인에 비해 포커스된 정보만을 얻을 수 있다. 필요한 경우, 가디언의 자격으로 부모님이 자녀를 따라갈 수 없을 시에는 친척이나 친구가 자녀의 가디언으로서 자녀의 케어를 부탁할 수도 있으므로 일석이조이다. 하지만 무엇이든 백문이 불여 일견이듯 본인의 눈으로 확인한 정보가 아닌 이상 100%신뢰하는 것은 금물이다. 전문가의 견해나 정보가 아니므로 나중에 일어날 수 있는 부작용들이 다른 경우에 비해 높을 수 있다.

현지 또는 한국 유학원의 도움을 받는다

유학원은 다양한 조건의 학생들을 현지로 보낸 많은 경험 하에 가이드 라인을 정해 두고 학생들에게 정보를 제공하는 역할을 한다. 그러므로 공신력 있는 교육 컨설턴트가 될 수 있으며 친척, 친구와 같은 주관적이기보다는 객관적인 부모님의 눈이 된다. 다양한 학교에 대한 정보를 자녀의 학습 상태, 성격, 재정 상태, 학교의 진학율, 평판, 위치 등을 고려해 안내해 주기 때문에 보다 전문적인 도움을 받을 수 있다. 특히 현지 유학원의 경우, 학교 진학 후 발생할 수 있는 몇 가지 불만 사항, 즉 예를 들어 호스트(홈스테이) 패밀리와의 마찰, 가디언의 문제, 학교의 학생 관리 태만 등의 문제까지 옆에서 책임지고 도와 줄 수 있는 위치적 장점이 있어 영어가 빈약한 부모님들의 손과 발이 될 수 있다. 자녀가 학교를 결정하고 이후 진행되는 모든 사항 즉, 학교와의 연락, 서류 준비, 입학 신청, 허가, 학생 비자의 신청 등에 따른 세부적인 사항들을 모두 논스톱으로 해결해 줄 수 있는 학교와의 메신저 역할을 하므로 부모님들의 노력과 수고를 덜어 줄 수 있는 최선의 해결책이지만 무조건적인 맹신은 금물이다.

 유학 생활을 잘 하려면

유학에서 가장 중요한 것은 물론 의지겠지만, 철저한 준비가 필요하다

제일 먼저 준비할 것은 가려는 국가에 대한 사전 지식이므로 기본적인 호주의 역사, 지리, 기후 등을 알아두고, 진학하려는 학교에 대한 철저한 분석과 함께 영어 공부는 두말하면 잔소리다.

항상 적극적인 자세로 생활하라

한국 사람들을 외국인들은 'Shy People' 이라고 한다. 그만큼 부끄러움이 많다는 얘기이다. 하지만 외국 생활에서 언어 능력을 향상시키는 방법은 바로 타인에게 말 걸기이다. 가장 효과적인 언어 습득 방법일 뿐만 아니라 자연스러운 문화를 배울 수도 있고, 무엇보다도 우리 문화를 자연스럽게 보여 줄 수 있다.

Home-stay Family를 잘 골라야 한다

공부 이외에 유학 생활에서 큰 부분을 차지하는 것이 어떤 Home-stay Family를 만나느냐이다. 집안일을 조금씩 도우며 서로 가족이라는 일체감을 심을 수 있도록 노력하며 본인 스스로 홈스테이 가족과 접할 수 있는 기회를 많이 만들고 친근감 있게 대하는 것이 좋다.

문법보다는 쓰기 연습을 하라

한국의 영어 교육은 문법에만 치우쳐 있어서 실질적인 쓰기 연습은 할 수 없었다. 그러므로 이 점을 극복해야 학교 수업을 따라갈 수 있다. 우선, 다양한 주제의 책들을 읽으며 일반 지식을 늘리고 글솜씨가 뛰어난 기자들의 에세이를 신문을 통해 정기적으로 읽어 주는 것이 좋다.

방과 후 스케줄을 잘 짜야 한다

학습 목표를 분명하게 설정하고 지속적인 동기 부여로 꾸준한 영어 학습이 가능하게 해야 한다. 또한 시간 분배를 효과적으로 할 수 있어야 한다. 한국에서의 주입식 교육, 이른 새벽 시간부터 늦은 시간까지 학교에서 공부를 해야 하는 체계가 아닌 이상 스스로 목표를 정해 학습하고 목표에 맞춰 시간 관리를 할 줄 알아야 성공적으로 자신의 목표까지 도달할 수 있다. 초기 유학생들은 오후 세 시 수업이 끝난 후 게임을 한다든지 또는 한국 학생들과 어울리며 시간을 낭비하게 되므로 방과 후 복습, 예습, 독서 시간 등의 계획을 통해 스스로를 스케줄 형 인간으로 만들어야 한다.

다양하고 안정적인 교우 관계를 유지해서 친구들과 어울리는 법을 터득해야 한다. 한국식 사고로 도서관에 앉아 밤늦게까지 책만 보다가는 두 마리의 토끼를 다 놓치게 된다. 올바른 교우 관계를 통해서 현지인의 생활에 적응할 시간을 좀더 단축하고, 클럽 등의 여가 활동을 통해 개인의 인성 교육에도 스스로 신경을 써야 한다.

 호주 유학, 왜 선호하는가?

호주는 영어권 국가이면서 미국보다는 조용하고 안전하며 교육비가 저렴하기 때문에 우리 나라 사람들이 좋아하는 유학지이다. 또한 영국식 문화가 전해 오는 영연방 국가로서 2004년 11월에 발표한 세계의 우수 대학을 살펴보면 놀랍게도 세계 50개 대학 가운데 여섯 개 대학이 호주에 있을 정도로 교육의 질이 높다. 그만큼 국제적으로 뛰어난 경쟁력을 갖춘 우수한 대학이 많다는 것이다. 이에 비해 우리 나라 최고 명문인 서울대학교는 100위 권에도 못 들고 110위 권에 속한다는 사실은 우리 나라 교육의 현실을 단적으로 말해 주고 있다.

이민 국가로서 영어 교습법이 잘 발달되어 있다

　호주는 다민족, 다문화로 이루어진 선진 이민 국가로서 많은 이민자들을 위한 영어 교육을 오랜 기간 동안 시행했기 때문에 교습법이 잘 발달되어 있다. 특히 언어 연수 기관의 경우, 교사의 대부분이 TESOL 자격증을 소지하고 있어 전문성이 보장되고, 정부가 연수기관을 대상으로 시설(교실 크기, 컴퓨터실 등), 교과 과정, 교사의 자격, 학급당 학생 수, 복지제도, 행정, 재정 등을 심사 평가함으로써 학교의 높은 질적 수준을 유지하게 하는 NEAS(National ELT Accreditation Scheme) 제도에 의해 인증제를 실시하고 있다. 또한 NEAS 인증을 받은 학교는 그 수준이나 내용에서 매우 우수하므로 안심하고 선택할 수 있다. 또한 English Australia(EA)를 통해 학생들이 선납한 학비를 보장하는 협회를 운영하고 있어 꾸준한 관리, 감독을 받으며 신뢰성 높은 교육 환경을 제공받게 된다. 또 다른 영어 연수 기관 품질 인증제도로써 ESOS(Education Services for Overseas Students) Act에 의해 유학생 입학을 허용하는 호주의 모든 교육 기간은 규제 받고 학생 비자 소지자의 권익을 보호하고 지불된 학비 및 관련 비용의 보호, 학교 간의 일관성 유지가 그 목적이다.

　미국식 영어가 범람하고 있는 한국에서 영국식 영어를 사용하고 있는 국가로서 단점을 지적 받을 수 있으나 이는 또한 역으로 영국식 영어를 저렴한 학비와 생활 비용으로 선진의 문화와 양질의 교육 시스템을 경험해 볼 수 있는 최적의 환경을 갖춘 곳이기도 하다. 최근, 호주 영어는 CNN 뉴스 방송을 진행하는 호주인 앵커들에 의해 국제 표준 영어로 인정을 받고 있는 추세이며, 한반도의 78배 크기에 인구의 약 70%가 10대 도시에 분포되어 있는 지역적 열세에도 불구하고 방언을 찾아볼 수 없다.

가장 안전한 나라이다

호주의 가장 큰 장점은 온화한 기후와 쾌적한 자연적 환경과 안전함에 있다. 태평양과 인도양 사이에 위치해 있는 지구 유일한 대륙 국가이며 지형학적으로 오랫동안 고립되어 왔기 때문에 아름답고 다양한 자연 경관으로 널리 알려져 있다. 황금빛 모래사장, 대보초 해안, 열대 우림 지역, 만년설, 광활한 대지와 거친 오지 등으로 일 년 내내 해외 관광객들의 발길이 끊이지 않을 정도의 아름다운 나라이다. 기후, 생활 방식, 도시 분위기 등 각 지역마다 특색이 분명하고 다양하기 때문에 유학생들은 자신의 기호에 따라 지역을 선택할 수 있다. 북부 지역의 80%, 서부 호주 지역의 40%는 열대 기후에 속해 있고 그 나머지 지역은 온화한 온대 기후에 속해 있어 공부를 하고 휴식을 취하기에 최고의 환경이 될 수 있다.

미국 등의 기타 지역과는 달리 안전한 생활 환경이 유학생들에게 생길 수 있는 온갖 유혹으로부터 자유롭게 하고 다양한 이민 정책으로 인해 인종 차별 또한 많이 사라졌다. 호주는 중고등학교가 전국적으로 통일된 교과 과정을 가지고 있으며 이를 통해 평준화 교육을 실시하고자 노력하는 교육 배경을 갖고 있다. 학생들은 학과 수업, 그룹 활동 그리고 개인별 교습 등의 다양한 형태로 교육을 받으며 아태 지역 국가 중 미국 다음으로 컴퓨터 보급률이 높은 나라로서 호주의 모든 초중고등 학교에는 인터넷 사용이 가능한 첨단 컴퓨터 시설이 완비되어 있으며, 초중고등학교 때부터 이미 컴퓨터 정보 처리(Information Technology) 과정을 지도하므로 호주 학생들의 컴퓨터 실력은 상당히 높다. 공립학교는 각 주 교육청에서 전적으로 운영하며 사립은 교육부에 정식 등록되어 있어서 정기적으로 관리, 감독을 받아 교육의 질에 있어서는 공인을 받는다.

따라서 종합적으로 정리하여 말하면 다음과 같다

우수한 교육 환경 : 전통적으로 영국의 영향을 받아 왔기 때문에 세계에서 가장 선진 교육 제도를 발달시킨 영국 못지 않다. 교육 환경과 시설은 세계 최고 수준을 자랑하고 있으며, 초중고등 교육도 우리 나라와 같이 입시 위주가 아닌 전인적인 인간 교육 및 자율적인 학습에 초점을 두고 있다. 따라서 여유 있는 교육 환경에서 교육을 받을 수 있다.

안전한 사회 환경: 호주는 세계에서 가장 사회가 안정되어 있고 사람이 살기 좋은 나라로 평가 받고 있다. 또한 자원이 풍부하여 대부분 빈부차 없이 풍요를 누리고 있기 때문에 성격이 급하지도 않고, 서두르지 않는다.

저렴한 비용 : 우리 나라 유학생들이 선호하는 미국, 영국, 호주, 캐나다, 뉴질랜드 등의 국가 가운데 호주는 학비와 생활비가 저렴한 나라에 속한다. 특히 조기 유학생들의 경우 우리 나라와 같이 사교육비가 따로 들어가지 않기 때문에 훨씬 더 저렴하게 공부할 수 있다. 또한 학생 비자로 입국할 경우 합법적으로 주당 20시간 미만으로 아르바이트가 가능해 유학생들 스스로 생활비 마련이 쉽다.

쾌적한 기후 : 연중 기후가 온화하다. 호주는 영국의 식민지 당시 유배 온 후손들이 살던 곳이다. 대륙은 넓고 자원이 풍부해 많은 이민들을 받아들이고 있다. 기후 또한 섬이기는 하지만 커다란 대륙이기 때문에 해양성 기후로 인해 사람이 살기에 가장 적합한 기후를 갖고 있다. 이러한 자연의 아름다움은 사람들을 건강하게 하고 또한 삶의 질을 높이는 중요한 터전을 마련해 준다.

3 호주의 교육 제도

   호주의 초중고등학교는 세계적으로 인정 받는 높은 수준의 교육을 제공하고 있으며, 호주의 학교 교육은 학생들 개개인의 요구와 자질 그리고 관심 분야에 중점을 두어 학생들의 취약한 부분을 보완해 주고 최소화하는 데 역점을 두고 있다. 또한, 호주의 아이들은 다섯 살 정도에 Pre-school 이나 prep에서 유치원 과정을 마치고 초등학교에 입학하게 되는데, 학제는(Yr.1~ Yr.12) 우리 나라의 학제와 비슷한 초등학교(Primary School) 6년, 중등학교(Secondary Studios) 6년, 대학교는 3년에서 6년 과정으로 구성되어 있다.

   호주의 의무 교육은 우리 나라의 고등학교 1학년 즉 10(Yr.10)학년까지의 과정이며, 한 학년은 1월 말 혹은 2월 초부터 시작해서 12월 초까지 계속되며, 보통 쿼터(Quarter)제로 1년을 4학기로 하는 주도 있으며 3학기 제도를 채택하는 주도 있다. 대부분 호주의 학생들은 중등학교(Yr.10) 과정을 거치면서 자신의 진로를 결정하는데, 대학 진학을 목표로 하는 학생들은 상급 중등 학교 과정인Yr.11, Yr. 12학년까지 진학한 후 대학 입시를 준비하는 데 반해, 대학 진학을 원하지 않는 학생들은 중등 과정인 10학년까지만 마치고 바로 사회로 참여하거나 국가에서 운영하는 TAFE(Technical and Further Education)이라는 주립 기술 전문대에 들어가 취업을 위한 심도 있는 교육을 받는다.

초등학교 (Primary Education)

호주에서는 생일을 기준으로 만 5세 혹은 6세 때 초등학교에 입학하는데,

입학 요건은 각 주와 특별 구마다 규정이 다르다. 특히, 초등학교의 하급생들은 주로 기본적인 언어(영어) 구사와 쓰기, 셈하기, 기초적인 산수, 사회, 체육 그리고 창의력을 기르는 활동 과목과 같은 교육에 중점을 두는 반면에 상급생들은 영어, 수학, 사회, 체육 및 보건 그리고 기술 과목을 배운다. 어떤 학교는 음악 및 외국어 교육을 실시하기도 한다.

보통 초등학생들은 한 교사의 지도 아래 그룹별 학습을 받으며 음악과 체육 과목은 특별 강사에게 지도 받는다. 초등학교는 모두 남녀 합반으로 학생 대 교사 비율은 18:5이다. 초등학교를 마친 뒤 바로 중학교에 진학하며, 중학교 진학을 위한 공식적인 특별 시험은 없다.

기숙사 이용은 불가능 하며, 유학생의 경우 공립학교 일 경우 몇몇 주 (NSW/QLD)를 제외하고는 입학이 가능하나 부모 동반이 요구 된다. 대부분 입학 전 영어 연수가 불필요하지만 학생의 적응력을 높이기 위해 사립 어학연수 기관에서 공부를 하고 입학하는 경우도 있다.

중고등학교 (Secondary Education)

입학은 각 주마다 다르지만 대개 7학년 혹은 8학년부터 입학을 하게 되는데, 8개의 학문 영역은 공통이나 각 영역의 학과목은 학교마다 다양하다. 특히 7~8 학년은 필수 과목 위주로 초등학교보다 광범위하고 구체적인 학습을 하게 되고, 9학년 이상은 필수 과목과 선택 과목으로 전문 교육을 시작한다. 필수 과목은 영어, 수학, 과학, 체육이며 선택 과목은 학교마다 차이는 있지만 대체적으로 제2외국어, 경제, 회계, 심리학, 연극, 지리, 미술, 음악 등이 있다. 고등학교 (Senior Secondary 11-12학년) 진학 후, 학생들은 희망 대학과 전공과목에 따라 관련 과목을 선택해서 공부하게 된다.

　숙제 : 학교에는 도서관이 있어서 중고등학교 때부터 자료를 찾아가면서 숙제를 하는 습관을 기른다. 숙제로는 리포트 형식의 프로젝트를 요구하는 경우가 많다. 중고등학교의 교사는 대개 1~2과목만을 가르치며, 한국의 대학생들처럼 학생들이 각자 교실을 옮겨 다니며 수업을 듣는다. 한 학기의 수강 과목은 5~6개 정도 되며 수업 시간은 약 40분 정도이다. 학생 대 교사의 비율은 12:6 정도이다.

 ## 호주의 학교 편제

공립학교 (Public School)

－ 호주 학생들의 약 75%가 공립학교로 진학

－ 각 주 정부 교육부의 직접적인 관리를 받으며 거주지 위주로 학교를 배정

－ 대부분 남녀 공학으로 구성

－ 자체 기숙사는 없음.

－ 자체 어학 연수 기관 소유

－ 학비는 사립학교에 비해 약 20~30% 정도 저렴

－ A$6,000~A$8,000(초등학교)/ A$9,000~A$12,000(중고등학교)

－ 교과서, 교복 등의 추가 비용(A$500~A$800)

사립학교 (Private School)

－ 종교 재단 또는 비종교 재단으로 구성(천주교와 성공회 학교가 다수)

- 주정부로부터 정기적인 관리, 감독을 받고 있음.

- 남,여 학교로 분리되어 있는 학교가 많음.

- 학교의 수준 차이가 있는 편임.

- 기숙사 이용이 가능함(A$8,000~A$12,000).

- 학비는 A$8,000 ~A$12,000(초등학교)/ A$9,000 ~ A$36,000(중고등학교)

- 추가 비용으로 교복, 교과서, 과외 활동비 등 약 A$2,000

입학 지원 절차 (1달 정도 소요)

- 지역, 학생의 성격 또는 공립 사립학교 결정 여부, 남녀 공학 여부와 더불어 기숙사
  이용 여부 등 다양한 조건들을 고려하여 지원할 학교 결정

- 학교에 입학시 요구되는 서류들을 영문으로 준비하여 우편 발송

구비 서류

- 최근 2년간의 성적 증명서와 재학 증명서

- 여권 사진과 여권 사본 혹은 출생 증명서

- 교장 선생님 추천서, 담임 선생님 혹은 각 과목 선생님의 추천서

- 법적 가디언 증명서

- 영어 연수 신청(입학하는 학교에 영어 수업 지원이 안 될 경우)

- 학교에서 Invoice와 offer letter을 받으면 청구된 액수만큼 학비 송금

- 학교로부터 입학 확인서(Ecoe)를 받으면 기타 서류와 함께 비자 신청

법적 가디언

- 18세 이하 학생의 경우 같은 지역에 사는 법적 가디언이 반드시 요구됨.

- 가디언 자격 조건으로는 학생과 3촌 이내의 친척으로 영주권자, 시민권자 또는 학생
  보다 긴 기간의 비자를 소지하고 있는 자

- 경우에 따라서는 학교 교장 선생님이나 기숙사 사감, 홈스테이 주인이 가디언 역할을
  해 줄 경우도 있다.

- 학생 비자 신청시 학교의 Confirmation of Accommodation/Welfare Letter 또는
  가디언 증명서 필수.

4 외국인 학생을 위한 교육제도

High school Preparation

호주의 중고교들은 소수지만 거의 대부분 외국 학생들의 입학을 정책적으로 허용하고 있다. 각 주정부(State Government)에서 운영하는 공립학교들뿐 아니라 사립학교들도 일정한 비율(5-10%)로 외국 학생을 적극적으로 유치하고 있다. 그러나 호주 중·고교들은 외국 학생들을 위한 전문적인 영어교육 프로그램을 운영하는 학교가 몇 되지 않기 때문에 대부분의 한국 학생들은 중·고교 입학 전에 별도의 영어학교에서 중·고교 진학 준비 영어 과정을 밟게 된다. 그리고 연수를 하는 동안에 현지에서 자신이 원하는 학교를 찾아냈을

경우 학교가 준하는 조건에 충족되면 입학 할 수가 있다. 연수 과정에서는 주로 영어와 관련한 과목을 공부할 뿐 아니라 수학/과학/호주 역사/문화 등의 본과 수업을 대비한 과정을 진행하므로 나중에 정규 학교에 진학했을 때도 바로 적응할 수 있는 장점이 있다.

 ## High school preparation을 운영하는 학교는 다음과 같다.

Milton college http://www.miltonlc.com.au

Milton college는 1932년 홍콩에 처음 설립된 이후 대만, 호주 등지로 캠퍼스를 개설했고 1999년 시드니 북쪽으로 이전하여 현재 Milton 어학 센터로 자리 잡았다. 일반 영어반은 물론 IELTS/TOEIC 시험 준비반, 고등학교 진학 준비반(HSP) 그리고 TESOL 과정까지 모두 제공하고 있다.

참조(http://www.miltonlc.com.au/gfx/HighSchool/ClassActivitie.jpg)

매일 담임선생님에 의해 관리되고 있으며 학과 수업과 관련한 과제물, 말하기 읽기 쓰기 등과 관련한 테스트가 일정하게 주어진다. 매달 정규 시험이 시행. 매주 월요일 개강이며 등록비가 300불(호주 달러), 학비는 주당 350불이며 교과서 등을 비롯한 교재비는 텀당 70불 Activity Fee(스포츠 및 야외 수업 활동 포함)로 60불이 매달 나간다. 18세 미만을 위한 홈스테이는 주당 270불이며 가디언쉽은 주당 30불.(2005년 비용 기준)

SCE(Sydney College of English) http://www.sce.nsw.edu.au

　SCE는 1987년 설립되었으며, 현재의 Central Sydney와 같은 장소에 설립되었다. 학습 상담을 비롯해 진로 상담, 홈스테이 소개, 사교 프로그램 등 학생의 편의를 위한 서비스를 제공하고 있으며 IELTS, TOEFL, TOEIC 등 시험과정을 운영하고 있어 회화를 위한 영어뿐 아니라 아카데믹한 영어까지 선택의 폭을 넓히고 있다. 특히 SCE에서 운영하고 있는 Sydney International High school은 NSW 주정부로부터 허가 받은 공립 고등학교이며 이 학교는 교육위원회의 공인을 받은 10, 11, 12 학년의 교육 과정을 제공하고 Higher school certificate 와 대학 진학의 방향으로 학생들을 지도하고 있다. HSP 프로그램은 12~18세 사이의 학생들을 대상으로 하고 있으며, 주당 25시간의 수업 중 5시간은 숙제 및 개별 자율학습 시간으로 구성되어 있고, 특별 선정된 홈스테이 가족들이 학생의 학습과정과 출석을 관리, 지도하고 있다.

참조(http://www.sce.nsw.edu.au/facility/images/language.gif)

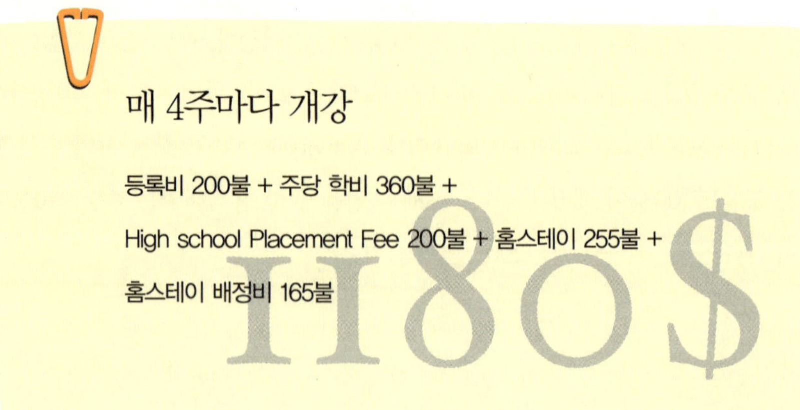

 http://www.holmescolleges.com.au

1963년 설립된 Holmes college는 시드니, 멜번, 브리스번, 케언즈, 골드 코스트에 HSP반을 운영하고 있으며 매주 개강한다. 시드니 Holmes는 Town hall과 중심 지하철역, 까페, 쇼핑센터들과 아주 근접한 위치에 있으며 최신시설의 캠퍼스를 자랑하고 있다. HSP는 8세부터 18세 사이의 학생들을 대상으로 호주 학교 시스템에 적응시키기 위한 최상의 프로그램을 운영하고 있다. 수학/과학/역사/지리/컴퓨터 등의 과목들을 지도하고 있으며 학과 과제물을 진학준비반의 중요한 일부로 여겨 반드시 해오도록 관리하고 있다. 지역 학교로의 방문도 주선하고 있어 학생들로 하여금 정규 학교로의 간접 경험을 유도하고 있으며 사회활동과 스포츠 클럽 활동을 장려한다. 엄선된 호스트 패밀리를 학생들에게 주선하고 있으며 매달 홈스테이 전담 관리교사가 호스트 패밀리를 방문해 학생과 홈스테이 식구들간의 피드백을 유도하고 있다.

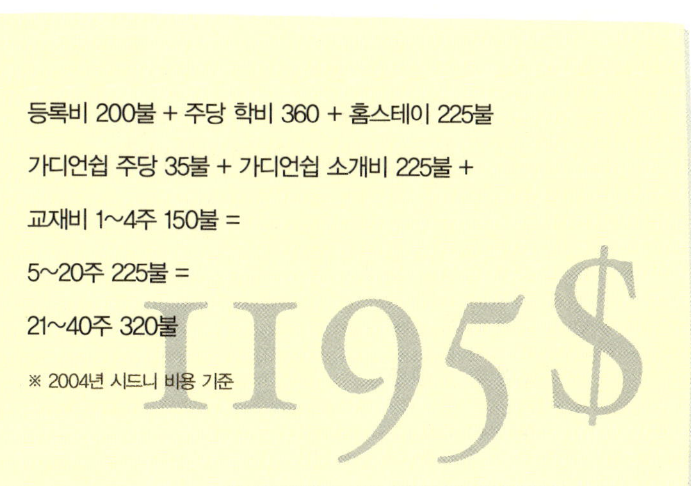

UEC(Universal English College) http://www.uec.edu.au

UEC(SGV Sydney)는 1988년 설립된 명문 사설 어학연수 기관이며 2002년 5월부터 세계적 영어 교육기관인 SGV Group에 합류하여 캐나다, 미국, 영국, 남아프리카 공화국, 뉴질랜드를 잇는 국제적인 네트워크를 구축해 전문적인 영어 교육을 펼치고 있다. HSP는 수학/과학/컴퓨터 등의 기본 과목들을 지도하고 있으며 한국식의 교과목 수업이 아닌 호주 현지 방식의 수업 진행을 하고 있어 언제 학교에 배정되어 다니게 되더라도 수업 진행을 따라갈 수 있는, 자신감을 키워주는 커리큘럼들로 구성되어 있다. 12~18세를 대상으로 하며 영어 구사 수준에 따라 적절한 반으로 배정한다. HSP는 특별히 한층을 전부 강의실로 쓰고 있으며 다양한 학습자료가 구비된 교실, 과학, 미술 그리고 요리 강의실과 학생 편의를 위한 common 룸으로 되어 있다.

참고 Sample-timetable (http://www.uec.edu.au/images/timetables/high_school.gif)

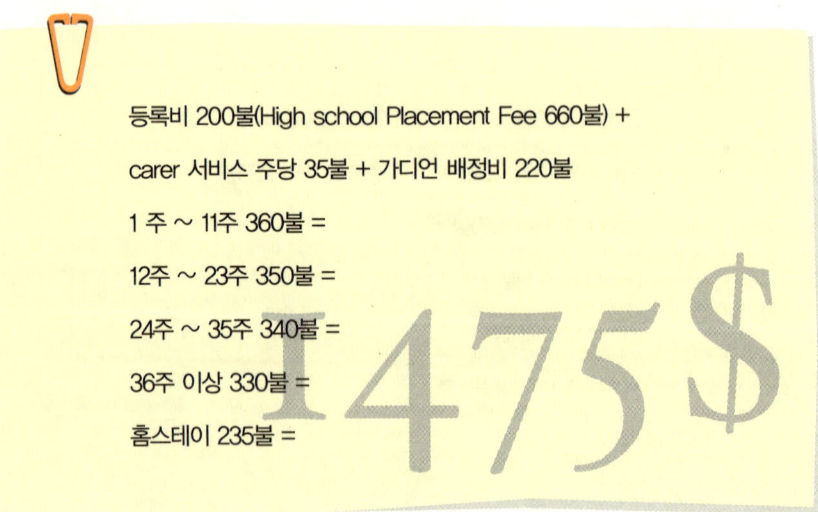

GEOS는 북미, 오세아니아, 유럽 각지의 도시에 40개 이상의 캠퍼스를 가지고 있으며 모든 학교들은 공인된 합리적인 시스템에 따라 운영되고 있다. "균형 잡힌 학문적 내용, 문화적 경험, 흥미로운 여가활동"이라는 모토아래 일반영어, 시험영어, 비즈니스 학교로의 진학영어 등 다양한 과정을 둔다. 또한 Superlink 시스템을 이용해 각 학교간 도시를 옮기며 Transfer가 가능해 다른 도시를 체험해 보고 싶은 학생들에게 안성맞춤이다. 그중 Young learners program을 운영하고 있는 멜번 학교는 도심 중앙에 위치해 교통의 편의를 도모하고 있으며 8세 이상 15세 이하의 학생들을 교육적인 환경에서 호주에 적응할 수 있도록 도와 주고 있다. 주당 25시간의 수업과 기타 Activity 활동을 학생들에게 제공하고 있다.

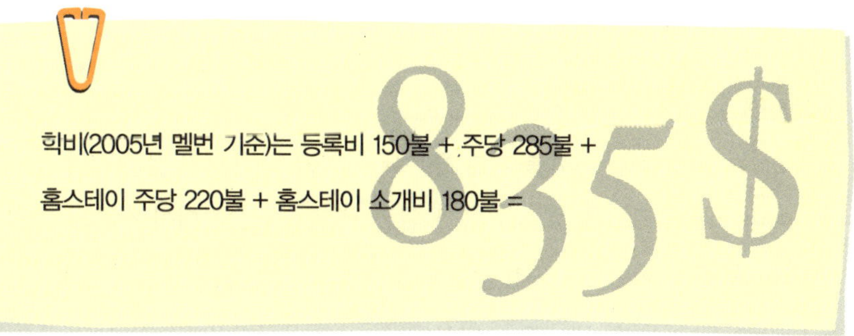

SELC(SydneyEnglish Language Centre) http://www.selc.com.au

NSW주에서 가장 오래된 사립학교 중의 하나이며 높은 수준의 교육을 제공하고 있으며 호주 어학교의 리더격 존재로서의 역할을 해가고 있는 학교이다.

일반 영어반, 전문 학교 및 대학 진학과 관련한 아카데믹 과정, 비즈니스 영어반, 회화반, HSP반 등 다양한 학습 과정과 학생 도서관, 휴게실, 상담실, 진학 자료실 등의 학생 편의 시설까지 잘 갖추고 있어 인기가 높은 학교이다. CBD에서 지하철로 10분 거리이며 도보 10분 거리에 공원이 위치하고 있어 최적의 환경이다.

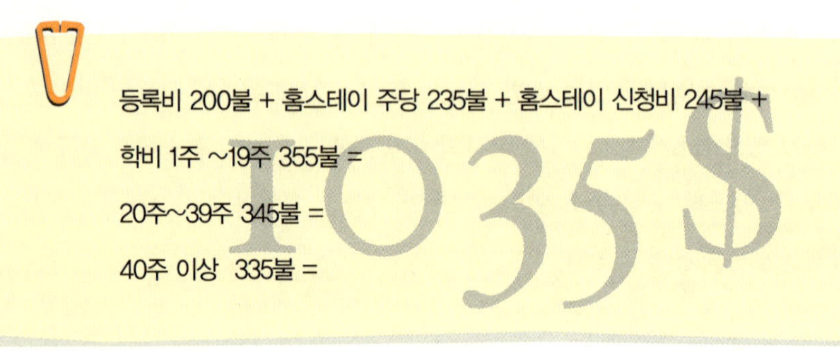

AMES International http://www.ames.net.au

AMES는 50년의 긴 역사를 가진 호주에서 가장 큰 규모의 전문인 양성 교육 기관이며 이민자들의 삶을 지원하기 위한 목적으로 설립되어 정부의 지원을 받는 비영리기관이다. 따라서 영어 과정, 연수, 취업, 비즈니스 및 직업 교육 등 다양한 프로그램을 마련하고 있으며 직업 전문 기관으로서 명성을 얻고 있다. 모든 선생님들은 TESOL 석사학위를 가지고 있으며 평균 학생 수는 14명으로 소규모로 학급 규모를 조절한다. 자체 도서관을 비롯, 학업/진학 상담, 개별 학습 센터 및 컴퓨터실을 운영하고 있으며 일반영어, 아카데믹 영어, 고등학교 준비반, 비즈니스 및 IT 영어, 관광영어, 시험 준비반 등의 과정이 있다. Secondary School Preparation 에서는 고등학교 학업을 준비하는 15세 이상의 학생들을 위한 코스이며 초급에서 고급까지 3단계 교육을 실시하고 있다.

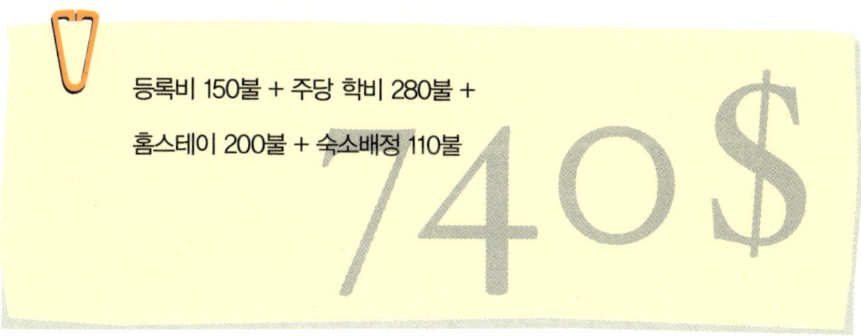

IH(International House) http://www.ihsydney.com

세계 25개국 90개교 이상의 네트워크를 가진 International House Group의 멤버이며 맨리 비치와 시티, 두 곳에 캠퍼스를 가지고 있다. 학생들의 편의를 위해 도서관, 컴퓨터실, 멀티미디어 센터, 무료 이메일/인터넷 서비스 등을 제공하고 있으며 다양한 과외 활동을 통해 학생들간의 교류를 도모하고 있다. 맨리 캠퍼스는 일반영어, 아카데김 영어, 시험준비반, 비즈니스 반 등을 운영하며 시티 캠퍼스는 일반영어, 아카데믹, 중고등학교 준비반이 있다. Egnlish for High school반은 18세 이하의 학생들에게 진학 영어, 중고등학교 과목, 자율학습, 스포츠 클럽, 학교 방문 등을 제공하고 있다.

5 호주 대학 입시 제도

호주의 대학 입시 제도는 각 주별(6개 주 N.S.W, VICTORIA, QUEENSLAND, SOUTH AUSTRALIA, NORTH AUSTRALIA, WESTERN AUSTRALIA 외 Australian Capital Territory) 로 약간씩 달리하고 있다. 하지만, 본인의 고등학교를 졸업한 주에서 대입 시험을 치르고 다른 주에 있는 대학에 입학하고자 할 경우 불이익을 당하는 경우는 없다. 대학별로 각 주마다 시행되는 대입 제도를 토대로 입학 허가 기준을 제시하고 있기 때문이다.

뉴 사우스 웨일즈 주(New South Wales : NSW)

NSW 주의 11학년, 12학년 학생들은 각 학년에서 11학점 이상을 이수하게 되어 있으며, 이 중 5학점은 반드시 주 교육위원회에서 지정한 필수 과목을 이수해야 한다. 12학년 말에는 HSC(Higher School Certifiacte)라는 시험을 치르게 되는데, 대학 입학시 11~12학년의 내신 성적을 50%, HSC 시험 성적을 50%로 반영된 평균 점수(100점 만점)가 산출되는데, 이를 기준으로 대학 입학 여부가 결정된다. 참고로 10학년 과정을 성공적으로 이수하면 중학교 졸업 자격인 School Certificate를 수여하게 된다.

빅토리아 주(Victoria : VIC)

빅토리아 주에서는 12학년 말에 VCE(Victorian Certificate of Education)라는 시험을 치르는데 대학 입학 시 11~12학년의 내신 성적 30%, VCE 성적이 70% 반영되어 최종 점수를 산출하게 된다. 특히 VCE는 각 학년마다의 졸업 자격을 제공하는데, 여기에는 VCE 10학년 자격, VCE 11학년 자격, VCE 12학년 자격이 있다.

웨스딘 오스트레일리아 주(Western Austraila : WA)

WA주에서는 내신 성적 50%와 12학년 말에 치르는 TEE(Tertiary Entrance Examination) 시험 성적 50%를 반영하여 대학에 입학하게 된다. 총점은 CSE(Certificate of Secondary Education : 고등학교 졸업증서) 성적표에 명시되는데, 여기에는 ASAT(Australian Scholastic Aptitude Test : 적성시험) 성적도 포함된다. ASAT 시험은 호주 수도 자치구(Australian Capital Territory)와 퀸스랜드 주(Queensland)에서도 요구되는 시험이다.

퀸스랜드 주(Queensland)와
수도 자치구 (Australian Capital Territory : ACT)

이들 주에서의 대학 입학시험은 학교 내부에서 치르며 ASAT 이외의 외부 시험은 치르지 않는다. 단 퀸스랜드 주 학생들은 Senior Certificate라는 대입 성적표가 주어지며, 여기에는 학생이 도달한 다섯 가지의 등급이 기록되는데, ACT 지역에서는 Tertiary Entrance Statement라는 성적표가 주어진다.

사우스 오스트레일리아 주(South Australia)

사우스 오스트레일리아 주에서는 주에서 시행하는 PES(Publicly Examined Subject) 시험과목 다섯 과목을 이수하고 PES를 치러야 한다. 또한, 학교 자체 평가 과목인 SAS(School Assessed Subjects) 과목 다섯 과목을 이수하고 학교 시험을 치르게 되어 있다. 대입 시에는 이들 시험 성적이 각각 50%씩 반영되어 12학년 졸업증서(Year 12 Certificate of Achievement)상에 기록된다.